추억의 절반은 맛이다

박찬일. 셰프. 음식. 에세이.

푸른숲

서문
/

인생 앞에 놓인

수많은
맛의 강물을
건너는

당신에게

지구 역사가 45억 년쯤 된다고 한다. 인간은, 그 지구시계의 1년을 기준으로 12월 31일의 오후 다섯 시에 나타난 건방진 족속이라고 한다. 뒤늦게 나타나 주인 행세를 하며 지구를 파괴한다는 혐의를 받는다. 그 '오후 다섯 시의 존재'인 인간의 역사가 대략 4백만 년이다. 음식의 맛이란 또한 인간시계의 오후 다섯 시쯤에 나타났다. 맛있는 음식을 만들기 위해 인류가 공을 들이고, 불 위에서 물리화학적 조합을 시도한 건 그리 오래된 일이 아니라는 얘기다. 심지어 인간이 근래 50년 동안 지나치게 급격한 음식 문화의 변화를 겪는 바람에 온갖 질병에 시달린다는 연구도 있다. 예를 들면, 선사시대에는 언제 또 음식을 먹을지 몰라 일단 음식물이 몸에 들어오면 지방으로 만들어 몸에 쌓아두는 유전자가 생겼다고 한다. 그 유전자가 여전히 활동하기 때문에 비만이 생길 수밖에 없다는 얘기다. 어쨌든 음식의 변화는 우리 몸과 정신이 감당할 수 없는 지경에 이르렀다. 섭취와 소화, 배설로 이어지는 단순한 물리적 구도에 '맛'이라는 강력한 조커가 등장한 것이다. 그러므로 맛은 문명과 동일어이기도 하다. 맛으로 인간은 인간다워졌다. 야비해지고 더러워지고 아름다워지고 복합적인 존재로 변해갔다. 섹스가 번식이 아니라 사랑과 소유의 개념으로 바뀌면서 치사한 인간사의 대로망이 시작되었듯이 말이다.

나는 엑스트라 베이비붐 시기인 1965년에 태어났다. 한국의 음식 문화가 격변을 겪는 시기이기도 했다. 설탕과 미원을 음식물에 본격적으로 넣기 시작했고, 내가 성장하는 시기에 딱 맞춰 인공 첨가물도 폭발적으로 늘어났다. 식용색소가 천연색소를 대체하던 때였다. 커피를 마시기 시작했고, 여름에는 빙과류가 일상이 됐다. 듣도 보도 못 했던 기호품이 우리 일상에 침투했다.

나의 짧은 생애도 마치 인류가 천년은 겪었을 법한 음식 문명의 변화로 점철된다. 꼬불꼬불해서 매혹적인 라면이 천년은 넘은 직선의 칼국수를 밀어냈고, 지방의 화신化身 삼겹살이 천년 너비아니와 갈비를 밀어냈다. 삼국지(그 자세한 사정은 본문에 나온다)의 전령 짬뽕이 우동과 물국수를 밀어냈으며, 떡은 빵에 치여 겨우 잔치에 구색으로 명맥을 이어가고 있고, 크림 스파게티가 소울 푸드라고 하는 이십대가 생겨났다. 음식은 우리 마음만큼 빨리 변한다. 내가 맛을 기억하는 초등학생 시절부터 지금까지 불과 사십여 년이 흘렀을 뿐인데, 대하 서사를 써도 될 만큼 음식의 기억들은 파란만장한 에피소드가 난무한다. 나 역시 맛을 만들어 먹고 살고, 맛을 기록하며 역사의 한줄기를 미물처럼 살아낸다. 바야흐로 맛이다.

나는 맛을 만들지만, 맛의 과학적 구성은 잘 모른다. 다만 음식의 맛은 적절한 '간'이 좌우한다는 건 안다. 그 간의 핵은 물론 소금이다.

맛은 짠맛, 단맛, 쓴맛, 신맛을 말한다. 감칠맛(우마미)을 더해야 한다는 주장도 있고, 매운맛은 왜 빼느냐는 항의도 있다. 그런데 이 4미가 각각 균형 있게 맛을 구성하는 건 아니다. 모든 맛은 결국 짠맛으로 수렴한다. 단맛, 신맛, 쓴맛이 없다고 음식을 먹지 못하게 되지는 않는다. 오직 짠맛만이 음식의 맛을 결정적으로 지배한다. 요리 재료의 물성 자체를 바꾸어서 놀라운 맛과 형태를 보여주는 분자요리의 대가로 페란 아드리아라는 요리사가 있다. 미슐랭 가이드세계적인 레스토랑 평가서 별 셋은 물론이고, 스페인을 맛의 고장으로 변모시킨 특급 인기 요리사다. 그가 한 말은 소금의 존재를 분명하게 부각시킨다.

"요리의 맛을 바꾸는 유일한 재료는 분자요리가 아니라 소금이다."

이 얼마나 명쾌한 말인지 모르겠다. 아무나 흉내 낼 수 없는 분자요리의 대가가 한 번쯤 거들먹거려도 될 텐데, 결국 요리는 소금이란다.

짠맛이 없는 듯한 음식에도 맛의 균형을 잡기 위해 어김없이 소금이 등장하곤 한다. 흔하게 먹는 빙과류에도 소량의 소금을 넣어 맛을 더 돋보이게 한다. 달콤한 빵과 떡에도 필수다. 맛있는 와인의 상당수는 토양의 미네랄 중에 섞여 있는 소금이 소량 녹아 있는 경우다. 최하급의 와인에 약간의 소금을 더하면 맛이 확 달라진다는 건 여러 실험에서 입증된 바 있을 정도다. 그러니까, 맛에는 짠맛이 있고 '그 밖의' 맛이 있다고 해도 과언이 아니다. 달고 시고 쓴 음식을 먹지 않아도 인간은 죽지 않지만, 소금을 먹지 않으면 존재할 수 없다.

그렇지만 영화를 예로 들어보면 조연의 존재가 좋은 영화를 만들곤 한다. 모든 배우가 송강호이기는 어렵다. 아니, 그러면 안 된다. 이문식이나 유해진도 나오고, 김수미도 있어야 영화의 소소한 맛의 스펙트럼이 넓어진다. 그런 캐릭터의 맛이 바로 신맛이고 쓴맛이다. 신맛은 혼자서 맛의 캐릭터를 드러내지 않는다. 순수한 신맛은 매우 고통스러운 화학적 돌출이다. 신맛은 단맛이나 짠맛과 어울려 놀라운 맛의 두께를 마련해낸다. 생각만 해도 혀끝에 침이 고이는 묵은 김치나 냉면의 시원한 동치미 육수도 딱 그런 맛이다. 신맛의 예각적 맛을 짠맛이 든든히 잡아준다. 우리 혀는 매우 둔감하고 이기적이며 감정적이어서 몇 가지 맛의 복합성을 화학적 배합 그대로 받아들이지 않는다. 매우 주관적으로 반응하는데, 똑같은 신맛이라고 해도 짠맛의 배려가 없으면 어떤 경우는 도저히 먹을 수 없는 고통을 안겨주기도 한다—맛있는 군만두를 식초에만 찍어 먹는다고 해보시라. 매우 고통스러운 경험이 될 것이다. 그렇지만 간장과 배합해서 쓰면 신맛의 아슬아슬한 각도가 슬쩍 눌리면서 입맛을 돋워주는 신비한 미각으로 변화한다. 물론, 맛이란 게 혀로만 설명할 수도 없다. 혀도 정신의 지배를 받아 감각의 층위가 달라진다. 기분이 좋을 때, 화가 났을 때 혀의 반응이 모두 달라진다. 어머니가 아버지와 싸우고 나서 만든 된장찌개가 유독 짰던 기억이 없는가. 아버지에게 화풀이하느라고 일부러 짜게 한 것이 아니라, 혀의 감각이 순간적으로 기능 이상을 일으켰던 것이다. 사랑하면 디저트가 유독 맛있는 것은 혀에서 단맛을 느끼는 미각돌기가 활성화되기 때문이라는 연구 결과도 있다.

단맛은 스스로 맛을 낸다. 단맛 그 자체로도 맛의 균형을 가지고 있다. 그렇지만 최고의 단맛은 신맛과 짠맛, 쓴맛과 결합할 때 나타나기도 한다. '새콤달콤'이라는 우리들 입말도 단맛의 단순함에 임팩트를 심어주는 맛의 조합을 의미한다. 영화 〈쇼콜라〉(한국에서는 '초콜렛'이라는 이름으로 개봉)의 쥘리에트 비노슈는 딸과 함께 전통과 고요를 사랑하는 프랑스의 한 마을에 들어와 초콜릿을 만들기 시작한다. 초콜릿은 잠재된 정열과 사랑을 일깨우는 묘약으로 묘사된다. 비노슈의 서늘한 매력을 잘 살린 영화인데, 초콜릿이야말로 쓰디쓴 카카오와 설탕의 조합으로 탄생한다. 인류 역사에서 가장 극적인 음료—원래 초콜릿은 음료였다—이자 과자인 초콜릿은 전혀 어울릴 것 같지 않은 두 가지 맛의 조합에서 그 마성이 비롯한다. 달콤한 여자 쥘리에트 비노슈와 신비함을 감춘 남자 조니 뎁의 연애 스토리라인도 그런 초콜릿의 특성을 잘 반영한 걸로 보인다. 감독은 이렇게 말하고 있는 것이다.

"인생이란 한 번 사는 것, 즐기면서 살아야 하지 않겠어? 인생의 쓴맛도 때로는 단맛과 만나면 기막힌 맛이 된다구. 초콜릿처럼 말이야."

맛의 전통적인 정의에 포함되지 않지만, 나는 가장 극적인 맛을 매운맛이라고 생각한다. 맛이되 맛이 아니어서 더 극적이고, 어떤 때는 맛 이상의 힘과 광포한 에너지를 지녔기에 매력적이다. 매운맛은 모든 맛을 한꺼번에 '지워'버리기도 한다. 짠맛과 단맛조차 매운맛의 노예에 지나지 않을 때가 있다. 매운맛은 맛을 느끼는 미각과 후각을 일거에 마비시켜버리는 통증이 있는 까닭이다! 매운맛은 자학의 맛이다. 상처를 다시 들쑤셔 쾌감을 얻는 심리와 비슷하다. 그러나 이것이 일정한 리듬을 탈 때는 매우 긍정적인 바이러스를 전파하기도 한다. 실제로 매운맛은 스트레스 해소에 탁월한 효과가 있다고 밝혀졌다. 맛이라기보다 일종의 통각痛覺인 매운맛은 자기를 찔러 남을 구하는 성격을 보여준다. 짜릿한 아픔은 다른 지루하고 오래된 통증을 치유한다. 잊는 것은 가장 효과적인 치유법이기도 하다.

우리는 인생 앞에 놓인 수많은 맛의 강물을 건넌다. 당신 삶 앞에 놓인 강물은 어떻게 흘러가고 있는지. 때로 혀가 진저리치게 신맛도 있어야 하고, 고통스러운 늪 같은 쓴맛도 결국은 인생의 밥을 짓는 데 다 필요한 법이 아닐까. 밥의 욕망, 밥에 대한 욕망, 그것이 우리를 살린다. 내가 사랑하는 가장 심드렁한, 그렇지만 마력의 이 문장을 되새김질한다. 포드나 테일러가 가장 싫어할, 월스트리트가 증오할 문장이겠으니.

"다 먹자고 하는 일인데, 먹고 합시다!"

2012년 여름
박찬일

목차 /

서문 • 인생 앞에 놓인 수많은 맛의 강물을
건너는 당신에게 _ 4

1부

맨 처음으로 돌아오는 맛, 병어
솜사탕 같은 구름 한 점 떴다 _ 18

생명의 힘, 짜장면
먹는 일이란 얼마나 위대한 것인지! _ 24

짬뽕의 불맛
짬뽕은 국물이다 _ 32

우물가 음식, 국수
여름 음식의 서정 _ 38

수박과 화채
얼음 배달하던 소년 _ 44

아버지의 닭백숙
닭 한 마리의 충직한 투신 _ 50

돈가스의 추억
모든 기름진 것의 으뜸 _ 60

만두의 육즙
나도 만두당이 있으면 가입하련다 _ 67

도시락 찬합
운동회와 어머니의 찬합 쌓기 _ 73

배추전
전은 지구전持久戰이다 _ 79

마늘의 힘
한국인이 사랑하는 영적 향신료 _ 85

감칠맛의 황제, 서산 게국지
제철 게살에 간장의 조합 _ 91

남도 한정식
소리 없는 자부심이 복작이는 새벽 해장국집 _ 98

속초의 청어
바다는 그대로인데, 청어도 돌아왔는데 _ 103

산낙지의 인생
하와이 사람들이 낙지를 부드럽게 만드는 기술 _ 111

술을 부르는 안주, 멸치
아작, 깨무니 까칠한 가시가 무너진다 _ 117

봄을 알리는 멍게 향
멍게 꼭지 좀 씹어본 사람은 알겠지만 _ 123

꼬막
아릿한 맛 뒤에 천천히 개펄의 뒷맛이 퍼진다 _ 128

수수한 바지락 칼국수
바지락과 탁한 국수 국물의 절대적 상승작용 _ 134

바다의 보리, 고등어
그 오랜 명망 잃지 마시라 _ 139

부산의 맛
조르지 않는 애인이나 묵은 친구 하나 있었으면 _ 144

2부

〈대부〉의 카놀리, 토마토소스
총은 놔두고 카놀리나 챙기게 _ 150

소 내장 요리
세상의 모든 괴식 _ 160

달걀
뉴칼레도니아에서 맛본 예술 _ 166

치즈
무심한 우유의 완벽한 변신 _ 172

랍스터
살에 기억된 세월의 맛 _ 177

햄버거
입이 미어터지게 달려드는 쥬이시한 매력 _ 183

토끼 고기와 초콜릿
초콜릿 소스에는 마성이 깃들어 있다 _ 189

캐비아의 전설
귀품의 반열에 올라선 맛 중의 맛 _ 198

쌀국수
호로록, 국수를 예쁘게 빨아들이는 법 _ 204

홍콩 딤섬
참을 수 없는 냄새의 입자 _ 209

볶음밥의 순수, 나시고렝
L형의 팔뚝이 민속박물관에 가야 할 이유 _ 214

바칼라
꾸득꾸득, 절임의 미학 _ 220

할랄푸드
지상에서 가장 경건한 식사법 _ 226

라멘
쓸쓸한 샐러리맨의 어깨 _ 231

두부의 단순미
하루키가 말하는 두부를 맛있게 먹는 법 세 가지 _ 237

3부

김승옥, 《서울, 1964년 겨울》
참새 머리의 맛 _ 246

김훈, 《남한산성》
식으면 굳어요, 쭉 내세요 _ 255

박완서, 《그 남자네 집》
진짜 민어를 보긴 보았소? _ 262

움베르토 에코, 《세상의 바보들에게 웃으면서 화내는 방법》
연어와 함께 여행하는 법 _ 274

무라카미 하루키, 《먼 북소리》
이탈리아에서 날아온 달큰한 토마토 향 _ 284

신경숙, 《엄마를 부탁해》
지중해식 문어 삶기 _ 293

성석제, 《소풍》
어느 냉면 애호가의 역사 _ 303

백영옥, 《스타일》
고기 권하는 사회 _ 315

헤밍웨이, 《노인과 바다》
황새치를 가르는 장인의 솜씨 _ 323

감사의 말 • 내가 먹고, 내가 되었다 _ 334

1부

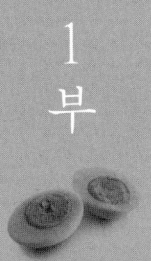

솜사탕
같은

구름 한 점
떴다

맨 처음으로
돌아오는 맛,
병어

연전에 시칠리아에서 모시던 셰프가 한국에 왔다. 그와 만찬 준비를 하느라 노량진에 들러서 장을 보는데, 병어가 보였다. 그는 처음 보는 고기였다. 무슨 맛이냐고 물었다. 설명할 적당한 낱말을 찾는데, 마땅한 게 없었다.

"으음…… 구름 맛이죠."

셰프가 알겠다는 듯이 고개를 끄덕였다.

구름처럼 스르륵 녹는 맛이라고 나는 그때 생각했다. 틀린 표현은 아닌 것 같다. 지금 누군가 내게 병어의 맛을 물어보면 '솜사탕 맛'이라고 대답하겠다. 정말 병어는 달다. 병어 살은 입에 넣으면 그대로 녹는다. 그렇게 살이 부드러워 거친 바닷속에서 어떻게 풍파를 이기는지 모르겠다. 게다가 병어는 두툼한 비늘도 없다. 그렇게 여려서 침침한 바다의 어둠을 어찌 견디는지…….

유월은 남해의 참숭어가 저물고 남서해쪽에서 많이 나는 병어의 철이다. 몇몇 지방에서는 작은 축제도 한다. 그러나 병어는 사철 내내 맛있다. 누구는 한겨울의 병어 맛을 잊지 못한다. 발이 시린 포장마차에 앉아 병어회에 쌈장을 얹어 먹는 맛이란!

병어가 물 관리 어려운 서울의 포장마차에서도 꿋꿋하게 팔리는 건 그 독특한 성질 때문이다. 병어는 살이 잘 무르지 않고 오래간다. 등 푸른 생선이 아니니 쉬이 상하지도 않는다. 무엇보다 살짝 얼리거나 냉동고에 넣어둔 후 해동해도 맛이 썩 괜찮다. 크면 큰 대로, 작으면 작은 대로 다 맛있다. 그렇지만 깻잎보다 작은 병어는 그만 잡았으면 좋겠다. 요새 어획이 잘 안 되는지, 수산시장에 가면 새끼 병어가 '세꼬시'라는 이름의 횟감으로 팔린다. 맛은 좋겠지만 그 바다는 나중에 뭐가 되나 싶다.

소설가 한창훈의 병어 이야기는 가슴을 치는 맛이 있다. 그는 병어야말로 '맨 처음으로 돌아오는 맛'이라고 말한다. 그게 무슨 뜻인지 궁금한 분은 그의 수필집 《인생이 허기질 때 바다로 가라》를 읽어보면 된다. 한번 잡으면 단숨에 독파해버리게 되는 마력이 있는 책이다. 그의 지인의 개인적인 사연과 병어를 엮은 것인데, 가만 되새겨보면 병어는 정말 맨 처음으로 돌아올 것 같은 맛이다. 맛의 근원, 생선의 보드라운 살, 씹으면 새록새록 나오는 진한 맛……. 맛의 맨 처음으로 돌아가지 않을 수 없지 않은가.

병어는 떼로 다닌다고 해서 '兵魚'다. 누구는 떡처럼 넓적하다고 '餠魚'라고 한다. 신안 비금도는 병어잡이의 최전선이다. 북상하는 병어 떼의 길목을 지키고 서서 산란을 위해 한껏 살을 올린 병어를 잡아 올린다. 이 동네에서 어부가 떡판처럼 커다란 병어를 잡아 차곡차곡 상자에 개켜 넣는 걸 보면 마치 손 빠른 사서司書 선생 같다. 두툼하고 알찬 책을 가지런히 책장에 꽂아 넣는 장면이 연상되어서 나도 모르게 흐뭇해진다. 책처럼 병어도 속에 뭘 가득 채워 넣고 있을 것이다.

나이 마흔이 다 되도록 장가를 못 간 후배가 얼마 전에 자기 애인과 내 식당에 들렀다. 마침 새벽 장에서 싱싱하다 못해 은박지 같은 피부를 가진 병어를 사왔기에 서양식으로 쪄서 줬다. 녀석아, 올해는 장가를 가렴. 남에게 자랑 같은 건 할 줄 모르고, 싫어도 그만, 좋아도 그만인 숫보기에게 사랑이 들라고 다디단 병어를 쪘다. 양념을 하고, 토마토소스를 얹어 종이에 싼 후 오븐에 넣었다. 종이 안에서 뿜어져 나가지 못한 병어의 맛이 그대로 살 속으로 파고들라고 빌었다.

"형, 그 친구가 병어 맛이 기막혔대요. 고마워요."

한창훈의 병어 이야기에 나온 주인공과는 다른 결말을 가져오렴(살짝 귀띔하면 사랑하는 여인과 헤어지는 내용이 나온다). 그러고 보면 한창훈의 병어는 슬픈 병어였다.

병어는 먹는 법이 좀 있다. 뼈가 연해서 어지간한 크기면 뼈째 썰어서 먹어도 좋다. 이빨에 병어 한 점을 넣으면 살은 사악, 녹고 뼈가 남는 듯하다가 이내 사각사각 씹힌다. 달고 고소한 맛이 우러나온다. 누구는 뼈 속의 골수 맛이 느껴진다는데, 그것까지는 모르겠고 고소함이 혀뿌리에 오래 남아서 한동안 아무것도 먹지 않고 음미하고픈 맛이기는 하다. 병어는 특이하게도 뜨거운 밥과 함께 먹는다. 밥을 한술 뜨고 된장 양념을 묻힌 병어회를 올려서 함께 씹는 것이다. 차갑게 회를 먹는 시속에 비추면 엉뚱한 맛일 것 같으나, 이게 궁합이 대단히 좋다. 뜨거운 밥에 차가운 병어의 살이 눅진하게 녹아드는 맛을 느낄 수 있다. 서양에서 병어를 '버터 피시'라고 부른다. 아, 그렇구나. 버터와 따순 밥의 조화! 맛에는 동서양의 차이가 없다.

생선조림은 대개 무를 곁들이지만, 병어는 감자가 으뜸이다. 양념 잘 먹을 포슬포슬한 감자를 깔고 병어와 대파, 다진 마늘, 간장에다가 매운 고춧가루를 얹어 찐 병어조림은 정신을 아뜩하게 만든다. 보드라운 햇감자와 병어의 제철이 겹치는 건 이런 절묘한 궁합을 잉태하고 있었던 건 아닐까. 병어구이는 또 어떤가. 된장을 살살 발라 연탄불에 구워놓으면 노랗게 반짝이는 껍질이 바삭 하고 입에 녹는다. 구운 병어는 특히 두툼한 살보다 얇은 뱃살 쪽이 진미다. 잔가시 따위는 무시하고 그냥 씹으면 얇아서 깊게 든 된장 양념이 감칠맛을 뿜는다. 무를 넣고 국을 끓여도 맛있다. 달고 시원한 국물이 속을 부드럽게 위로해준다.

오염 때문인지, 고기의 회유 경로가 바뀐 것인지 몇 해 전부터 병어가 덜 잡혀서 비싸다. 올해는 그럭저럭 나쁘지 않은 것 같은데, 시장에서 손바닥만 한 병어 서너 마리를 만 원이면 살 수 있다. 회를 치든 굽든, 당신의 병어를 드시라. 초여름, 뜨거운 밥을 해서 병어 살과 마늘을 척척 걸쳐서 한입 가득 퍼 넣어보시라. 여름 높은 하늘, 구름 흘러간다. 솜사탕 같은 구름 한 점 떴다.

먹는
일이란

얼마나
위대한 것인지!

생명의 힘,
짜장면

짜장면은 좀 침침한 작은 중국집에서 먹어야 맛이 난다.

그 방은 퍽 좁아야 하고, 될 수 있는 대로 깨끗치 못해야 하고, 칸막이에는 콩알만 한 구멍이 몇 개 뚫려 있어야 어울린다. 식탁은 널판으로 아무렇게나 만든 앉은뱅이가 좋고, 그 위엔 담뱃불에 탄 자국들이 검고 또렷하게 무수히 산재해 있어야 정이 간다. 방석도 때에 절어 윤이 날 듯하고 손으로 잡으면 단번에 쩍 하고 달라붙는 것이어야 앉기에 마음이 편하다.

―정진권, 〈짜장면〉에서

먹을 게 널려 있는 요즘에는 이상하게 들릴지 모르지만, 예전에는 '한턱낸다'고 하면 중국집이었다. 짜장면은 기본이고, 탕수육이나 양장피, 팔보채 같은 '요리'가 나왔다. 군만두 서비스 같은 건 없어도 좋았다.

오래전 중국집의 풍경이 선명하게 떠오른다. 작은 타일이 붙은 외관에 소박한 이름의 간판이 붙어 있었다. 요즘처럼 가분수의 멋대가리 없는 커다란 간판도 아니었고, 수수한 멋이 있었다. 중국집 이름도 유행이 있다. 아주 오래전에는 중국집을 운영하는 화교들의 고향이나 고시古詩에서 따온 문구가 많았다. 사해루, 아서원 같은 이름이었다(최초의 짜장면을 만들어 팔았다는 공화춘도 얼마나 멋지고 독창적인 이름인가. '민주공화국' 할 때 그 공화!). 세월이 흘러 북경이나 홍콩 같은 대도시 이름이 한때를 풍미했는데 특이한 건 중국과 수교를 하면서 본토의 지명이나 명물이 많이 등장했다는 점이다. 천안문이 중국집의 이름이 된 것은 냉전 시대를 살았던 노인들에게는 충격일 것이다(심지어 마오쩌둥의 초상을 그려놓거나 아예 식당 이름이 '마오'인 곳도 있다). 요즘은 작명도 춘추전국시대다. 우리 동네에 있는 중국집은 한글을 써서 '진짜루'와 '총알반점'이다. 중국집이 더 이상 화상華商들의 전유물이 아니라는 것일까.

주문을 하면 화상이든 아니든 주방에 중국어로 호통 치듯 주문을 넣는 게 유행이었다. 그 말이 진짜 중국 말인지 알 도리는 없었다. 그저 '짜장'이나 '짬뽕'이라는 낱말이 섞여 있어서, 아하 우리 주문을 넣는구나, 그렇게 생각하고 말았다. 아주 어렸을 때는 그냥 나무 탁자였고, 그 후에는 포마이카 상에 두꺼운 투명 비닐을 깔았던 것 같다. 우리는 나무젓가락의 보풀을 바락바락

비벼서 털어내고 가지런히 탁자에 올려놓음으로 위대한 음식을 맞을 예의를 갖췄다. 기억이 희미한데, 아버지는 맞은편에 앉아 이미 생파 한쪽과 함께 배갈을 드시고 있었던 것 같다.

말이 나왔으니 말인데, 나는 짜장면 반찬에 불만이 많은 사람이다. 오래전, 산둥 사람이 태반이던 화상들은 대파의 흰 부분을 툭툭 잘라 반찬으로 내주었다. 찍어 먹는 장도 갈색의 전통 산둥 춘장이었다. 어느 때부터인가 양파와 검정색 춘장이 반찬으로 등장하는 게 대세가 되었다. 대파도 찾아볼 수 없게 되었다. 산둥은 파가 아주 많이 자란다. 산둥 사람들이 대부분 더 이상 요리를 하지 않게 된 지금의 중국집 사정과 대파가 사라진 것은 같은 맥일 것이다. 그 대파에는 산둥 사람의 유전자랄까, 전통 음식을 내는 원형질 같은 게 도사리고 있었다. 그러니까, 우리 어렸을 때는 제법 진짜 짜장면을 먹었던 셈이다.

돼지기름이 몸에 좋네 안 좋네 하는 건강 바람이 불면서 짜장에도 식물성 기름이 쓰이기 시작했다. 나는 기름이 바뀌면서 짜장 맛이 나빠졌다고 생각하는 사람이다. 동물성 기름이 콜레스테롤이 높긴 하지만, 그렇다면 삼겹살은 겁나서 어떻게 먹나. 삼겹살 맛의 핵심은 물론 비계 부위다. 그 비계를 녹여서 라드를 만들어 짜장을 볶았다.

수원은 화상들이 많이 살고, 좋은 중국집들도 많다. 그 동네에서는 오랫동안 갈색으로 된 진짜 짜장면을 팔았다. 요새는 대부분 캐러멜을 넣어 검정색이 된 천하통일의 짜장을 쓰겠지만 말이다. 갈색의 짜장은 풍미가 달랐다. 달콤하다기보다 구수하고 짭짤했다. 소스의 양도 그렇게 많지 않았다. 짜장을 비비면 딱 면에 소스가 붙을 만큼만 넣었다. 전분을 많이 써서 윤기 있게 만들지 않았으니 볼품은 덜했지만, 칼로리는 더 낮았다. 지금처럼 품위 없이 양파를 잔뜩 넣는 것도 아니었다. 콩으로 발효한 전통 짜장의 구수한 냄새가 지금도 혀끝에 감돈다. 첨장이라고 하는, 밀가루를 함께 쓰는 이 장이 나중에 춘장으로 이름이 바뀌었다고들 한다. 누군가, 민속학자든 인류학자든 음식학자든 한국의 청요리집에 대한 취재와 기록을 해놓지 않으면 한 시대의 소중한 역사는 관 속으로 들어가버리고 말 텐데, 아쉬울 따름이다. 차이나타운이라고 붉은 페인트만 칠할 게 아니라, 정신의 기록도 남겨야 하지 않을까.

내 얘기를 하자면, 특이하게도 중국집에서 사색을 하는 스타일이다. 뭔가 일이 안 풀리거나 고민해야 할 일이 있으면, 중국집에서 짜장면 한 그릇을 시켜놓고 그걸 기다린다. 맛있는 음식을 기다리는 그 짧은 순간, 모든 감각이 오직 짜장면에 집중되어 있는 상태로 변해 복잡한 머릿속은 정돈이 되고, 생각이라는 이름의 모호한 안개가 걷힌다. 그리고 짜장면을 먹으면서 먹는 일이란 얼마나 위대한 것인지(반대로 얼마나 쓸쓸하고 한심한 일인지도) 깨닫게 된다. 그런 깨우침은 복잡해진 인생사를 단순하게 만드는 마력이 있다.

중국집을 찾는 또 다른 이유는 나를 둘러싸고 있는 우울을 떨쳐내기 위함이다. 찬거리를 장만하는 오후의 시장이나, 새벽의 수산시장에 가보시라. 악다구니 같은 삶의 전쟁터를 보면서 '다들 저렇게 살려고 애쓰는데' 하는 경외감과 부러움이 샘솟게 된다. 나의 우울이 얼마나 가당찮고 에고적인지 뼈저리게 된다. 그런 목적으로 중국집에 가는 것이다. 점심시간이 조금 지난, 오후 한두 시가 좋겠다. 외근 나온 영업사원이나 환경미화원이나 막노동자 같은, 혼자서 식사를 해야 하는 사람들이 그 시간에 중국집에 깃든다. 건강한 육체 노동자들의 왕성한 식사 현장을 훔쳐보는 것이다. 대개 그들은 곱빼기를 시킨다. 속으로 조용히 읽어보시라. 곱빼기, 이 말에 복 있으라. 짜장면을 양껏 젓가락으로 말아 올려, 입가에 소스를 묻히며 후루룩 소리도 요란하게 한 다발의 짜장면을 넘기는 장면……. 나는 거기서 생명의 힘을 느낀다. 우리가 뭘 먹는다는 행위는 진정 숭고한 것임을 깨닫게 한다. 우리가 햄버거를 그렇게 먹는다고 할 때는 결코 느낄 수 없는 감정이어서, 중국집이란 더욱 소중해진다. 더구나 시내에선 비싼 월세를 감당하지 못하고 뒷골목의 지하나 이층으로 숨어드는 지경에 빠진 중국집의 현실이 더욱 가파른 감정 상승을 돕곤 한다. 이러다가 아예 중국집이 없어지는 것이 아닌가 하는 조바심 따위 말이다.

짜장 곱빼기는 우리에게 투박한 민중의 식욕을 드러낸다. 스테이크나 푸아그라에는 진정한 곱빼기 개념이 없다. 한국 음식에서도 냉면을 예로 들면, 사리를 하나 추가하면 냉면 값의 절반이 넘는다. 구천 원짜리 시내 냉면집의 사리가 육천 원이다. 그러나 짜장면만은 오직 오백 원만 더 받을 뿐이다. 양은 한 배 반 정도로 듬뿍 더 얹어주고 값은 '조금'만 더 받는 것이다. 중국집의 흥망성쇠와 영욕의 역사에서 수많은 것들이 바뀌었지만 그 곱빼기의 인정은 여전하다.(감사합니다!)

그 짜장면이 슬플 때도 있다. 비 오는 날 저녁 어스름에, 주택가 골목이나 추레한 상가의 복도에서 만나는 다 먹은 짜장면 그릇이다. 음식의 존엄은 사라지고, 칼로리만 존재하는 슬픈 풍경이다. 신문지라도 살포시 덮여 있으면 좀 나을까.

나의 삶에도 슬픈 짜장면이 있었는데, 군대에 가던 날, 그 좋아하던 짜장면 곱빼기를 반도 못 먹고 남긴 '사건'이었다. 입대 스트레스 때문이었을 텐데, 신병 교육대에서 배가 고플 때마다 그 남긴 반 그릇이 자꾸 떠올랐다.

내 인생에서 짜장면이 기뻤던 순간도 많았다. 특히 딸아이가 아직 아기였을 때 짜장면을 힘차게 빨아 당기는 모습의 경이가 마음에 새겨져 있다(국수를 빠는 방법은 가르쳐주지 않아도 도대체 어떻게 유전되는 것일까).

좀 우스운 얘기 한 토막. 용산에 한동안 열심히 다니던 중국집이 있었다. 그 집의 주방장이 일하는 모습이 홀에서 보였는데, 그는 늘 노란색 티셔츠를 입고 일했다. 취향도 독특하군, 뭐 그렇게 생각했었는데, 어느 날 홀에서 그를 가까이 대면할 기회가 있었다. 놀랍게도 그의 노란색 작업복은 '셔츠'가 아니라 우리가 흔히 입던 독립분표 반소매 '러닝셔츠'였다. 그런데 그게 무슨 문제냐고? 흰색으로 초지일관하는 그 전통의 러닝셔츠가 노란색으로 출시된 적은 없지, 아마?

짬뽕은
국물이다

짬뽕의
불맛

알루미늄으로 만든 철가방이 등장하기 전, 중국집 배달꾼들은 목통을 썼다. 일제 때 청계천을 무대로 한 박태원의 소설《천변풍경》에 보면, 배달꾼이 그런 나무 궤짝에 음식을 나르는 장면이 나온다. 또, 일본식의 기다란 봉을 어깨에 걸고 목판을 쓰는 배달꾼도 등장한다. 후자에는 한식이 등장하는 것으로 보아, 청요리는 일찍이 칸칸이 나눠져 있는 목통이 대세였나 보다. 내 어렸을 때도 변두리에선 목통을 썼다. 비를 맞아 낡고 삭아서 갈색이던 그 배달통을 짐칸에 싣고, 한손에는 짬뽕 국물이 든 노란 양은 주전자 여러 개를 어찌어찌 나눠 들고 아슬아슬하게 짐자전거를 몰던 장면이 떠오른다. 플라스틱 랩이 나오면서 그 양은 주전자는 사라졌지만, 아직도 나는 고명과 면만 들어 있는 그릇에, 배달원이 직접 주전자를 기울여 국물을 부어주던 그림이 삼삼하게 눈앞에 펼쳐진다. 요즘에는 비닐 소포장에 고춧가루며 식초까지 담아주지만 그때는 일일이 병에 든 것을 함께 가져왔다. 고 춧가루가 그처럼 곱게 갈린 것도 중국집만의 스타일이었다.

중국집이 배달을 많이 하게 되면서 음식의 질이 하향 평준화 되었다는 비판도 있지만, 역사는 그렇게 흘러갔을 뿐이다.

양은 주전자 국물이 부어진 맵고 진한 맛의 그 국물을 먹기 위해 어린 나는 침을 삼키며 기다렸다. 별달리 먹잘 게 없던 시절, 어린아이들도 매운 걸 잘 먹었다. 심지어 나는 한 종지의 깐 마늘을 고추장에 찍어 간식처럼 먹어치운 적도 있었다. 불과 일곱 살 때의 일이다. 나의 위장병은 아마도 그때 시작된 것 같기도 하다.

고등학교 때, 한번은 친구들과 짜장면 먹기 내기를 했다. 내가 곱빼기 두 그릇 반은 먹고 결승에서 졌다. 상대는 자그마치 곱빼기로 세 그릇을 먹고도 후식(?)으로 군만두까지 한 그릇 추가 주문을 하는 기염을 토했다. 녀석은 군대도 면제받을 만큼 과체중이었는데, 문방구에서 파는 교련복 요대가 맞는 게 없어 두 개를 사서 잇대어 썼으니 그 덩치를 짐작하실 수 있겠다. 약이 오른 나는 녀석이 매운 걸 못 먹는다는 걸 간파하고서, 짬뽕으로 다시 겨루기로 했다. 앞서 밝힌 대로 나는 매운 걸 정말 잘 먹었기 때문이다. 각자 짬뽕 두 그릇(물론 곱빼기다) 정도를 비워갈 즈음, 내가 앞서기 시작했다. 그런데 갑자기 녀석이 '클레임'을 거는 게 아닌가.

"야, 짬뽕은 국물이야."

응? 나는 국물을 상당 부분 남기고 있었는데 그걸 녀석이 꼬집고 나선 거였다. 심판을 보던 다른 친구가 내 눈치를 살피더니 "뭐, 틀린 말이 아니네" 하고 녀석의 손을 들어주었다. 말이야 바른 말이지, 짬뽕은 국물! 맞다.

나는 짬뽕이 매워서가 아니라 국물 때문에 속으로 울었다. 거금 짬뽕 값—아마 곱빼기 그릇당 1천 원 정도 했을 듯—을 내야 해서 또 울었다. 뱃구레가 녀석과 상대가 안 되는 나로서는 국물까지 알뜰하게 마시게 되면 도저히 녀석을 이길 수 없었다. 짬뽕은 국물이 맞는 게, 둘이서 짜장면과 짬뽕을 시켰을 때 짜장면 시킨 사람이 이렇게 얘기하면 증오한다. 물론 나는 짬뽕을 시켰을 때다.

"어이, 짬뽕 국물 좀 남겨줘."

국물 먹으려고 짬뽕 시켰거든?

짬뽕 국물에 대한 오해도 좀 있다. 짬뽕은 해물을 넣어주니 국물도 해물 맛이라고 생각한다. 그러나 짬뽕 국물 맛의 기본은 고기 육수다. 요즘은 닭뼈나 흔히 '치킨 스톡'이라고 부르는 분말이나 페이스트를 많이 쓴다. 그런데 제대로 된 짬뽕은 돼지 뼈와 돼지고기로 국물을 내야 한다고 주장하는 이들도 있다. 예전 방식이 그랬다는 것이다. 실제로 전국에서 맛있다는 전통의 짬뽕을 보면 걸쭉한 국물에서 돼지고기 맛이 난다. 또 센 불에 볶은 돼지고기가 고명으로 많이 쓰인다. 짬뽕의 원류를 거슬러 올라가면 이 말이 맞다는 느낌이 온다. 자, 짬뽕의 무릉도원으로 조각배를 몰아가보자.

짬뽕은 내가 이렇게 명명한 적이 있다. 이른바 '짬뽕 삼국지'다. 나가사키 짬뽕이라고 들어보셨나. 한국의 이자카야 같은 곳에서 파는, 국물이 하얀 짬뽕을 일컫는다. 일본인들은 매운 것을 거의 먹지 않으니 짬뽕도 맵지 않게 먹는다. 나가사키 짬뽕은 여러 설이 있는데, 나가사키가 개항이 되고 외국인이 들끓던 시절에 시작되었다는 게 정설로 굳어지고 있다. 중국 푸첸성 출신의 진평순陳平順이 중국 유학생들을 위해 처음 고안해서 만들어 팔았다는 얘기가 있다. 그 후 한국에는 일제시대에 건너와서, 한국인이 좋아하는 매운 양념의 빨간 짬뽕으로 바뀌었다. 짬뽕이 산둥성 출신의 화교 요리사들에 의해 한국에서 독자적으로 만들어졌다는 설도 있지만, 짬뽕ちゃんぽん이라는 일본어를 보면 어쨌든 일본에서 영향을 받은 게 확실해 보인다. 그래서 중국인이 만들고, 일본에서 시작됐으며, 한국에서 가장 인기를 끄는 '삼국지'가 완성된다.

나가사키에 가서 그 원조집을 찾았다. 과거의 주인에서 바뀐 지 오래된, 이제는 화석화된 집이었다. 나가사키 항구를 내려다보는 좋은 경치에 넓은 식당이 자리잡고 있었다. 불행하게도, 짬뽕은 시시했고 음식값은 비쌌다. 호쾌한 화력의 강한 맛이 아닌 건, 일본식이라고 해도 전체적으로 밋밋했다. 원조집의 명성을 듣고 오는 이들의 주머니나 후리는 수준의. 택시 기사에게 물으니 잘한다는 집에 데려다준다. 역시 좋다. 나가사키 짬뽕은 부드럽고 온화한 국물 맛이다. 우유처럼 부드럽고 달다. 진평순 시절의 맛에서 일본인이 좋아하는 맛으로 개량되었을 가능성이 높다.

짬뽕은 국물이 중요한 음식이지만, 곁들이는 채소도 맛을 내는 데 중요하다. 중국요리는 매우 강력한 화력으로 재료를 순식간에 볶는다. 재료의 수분을 가두면서 빠르게 익힌다. 얼마나 불이 세면 요즘 팔리는 중화요리용 가스레인지의 상품명이 '제트버너'다. 제트기처럼 무서운 화염을 뿜는다는 뜻일 것이다. 채소가 불과 기름에 볶아지면서 아삭한 식감과 '불맛'이라고 부르는 탄 기운을 얻는다. 중국요릿집 주방에 들어가면 우선 그 '제트엔진'의 요란한 소음에 귀가 먹먹해지고, 연기에 눈이 매워지고, 기름 태운 기운에 코가 마비된다. 커다란 웍을 자유자재로 흔들며 볶을 때 기름이 웍 근처로 산란散亂하는 강력한 불기운을 빚어내는 걸 보게 된다. 그렇게 요리한 짬뽕은 약간 씁쓸하면서 기름 태운 듯한 맛이 식욕을 강하게 자극한다. 나는 촌스럽게도, 짬뽕 국물에 검댕이 둥둥 떠 있어야 '아, 이 집이 제대로 채소와 해물을 볶았구나' 하고 생각한다.

여름
음식의
서정

우물가 음식,
국수

잔등에 땀이 고이고, 시원하게 엎드려 등목이라도 하고 싶어지면 생각나는 정경이 있다. 여름의 서정抒情이 자욱하게 일어난다. 덜 여물어 푸른빛이 도는 참외가 어느 차가운 계곡 바위 밑 소沼에 둥둥 떠 있는 장면이다. 태양이 작열하듯 등판을 지져도 까짓, 더울 테면 더워보라지, 하는 마음으로 그 여름을 견디게 된다. 푸른 참외에 기대 여름에 맞서본다고나 할까. 그 장면은, 실제 내가 겪었던 어린 시절의 기억 한 토막이다. 안동 고모 댁에서 보리 한 되를 얻어 들고 원두막에서 바꿔온 참외가 그렇게 고모 댁 앞 계곡 물에 푸르게 떠 있었던 것이다. 먹을 감고 뜨거운 바위 위에 앉아 엉덩이를 말리며 먹던 덜 익은 참외의 맛!

요즘처럼 사철 배추가 나오던 때가 아니어서 이른 여름에 배추김치를 만날 수 없었다. 봄에 김장은 떨어지고 봄배추는 잠깐 나오다 말았을 때, 조금 기다리면 열무가 나왔다. 지금은 아파트

촌으로 변해버린 일산에서 열무가 잘 자라 모래내시장에 쏟아지면 어머니는 열무김치를 담갔다. 우물가에 함지를 놓고, 시원한 우물물을 길어 열무를 씻었다. 하얗게 솜털이 일어난 빳빳한 열무 이파리가 언제 그랬는가 싶게 숨이 죽으면 새콤한 맛이 들었다. 어머니는 그 열무김치로 들기름 떨궈 비빔밥을 만들었다. 양푼에 써억썩 비빈 비빔밥을 입이 미어져라 우겨 넣으면 열무 이파리가 입가로 튀어나와 볼에 양념을 묻혔다. 먹어도 먹어도 한정 없이 비빔밥이 들어갔다. 새콤 매콤한 열무 비빔밥, 어머니가 해주는 그 비빔밥! 비싸다고 손톱만큼 넣은 깨소금이 우연히 잇새에서 튀어나와 고소하게 여운을 주는 것처럼, 그 비빔밥의 맛이 지금 생생하게 되살아나 입안에 막 번진다.

비빔밥도 하기 귀찮으면 국수를 말았다. 열심히 길어 올린 우물물에 갓 삶은 국수를 헹구는 어머니 모습이 지금도 눈에 선하다. 양철 지붕 옆으로 햇빛은 쏟아져 내리고 국숫발은 차가운 물을 뒤집어쓰면서 역광을 받아 반투명하게 아름다웠다. 대나무 채반에 놓인 국수를 사리로 만들어 그릇에 담는다. 열무김치를 올리고, 김칫국과 깨소금을 뿌렸다. 그렇지, 내가 심부름 해온 얼음 오십 원어치를 바늘로 톡톡, 깨뜨려 얹는 일은 누가 했더라. 귀한 달걀도 반씩 잘라 그릇에 올렸다. 어머니가 딸자식들 몰래 달걀 반 개를 내 그릇에 더 얹어주는 걸, 누이들은 모른 척 했다.

국수는 어느 작가가 '혁명가의 음식'이라고 했다. 세상을 바꾸려는 자들이 한 그릇 바쁘게 뚝딱 해치우는 음식이라는 뜻일 테다. 나는 그런 국수에게 '우물가 음식'이라고 한 줄 더한다. 펌프든 우물이든, 그 습하고 더운 여름날의 오후, 국수 한 그릇을 마당에서 말아 먹을 수 있었던 우리는 행복했다. 지금 다시 그 국수를 먹을 수 있을까. 나는 암담하여 체념하게 된다.

콩국수는 또 어떤가. 백태를 푹 삶아 껍질을 골라내는 일부터 은근히 손이 많이 가는 음식이었다. 파는 콩물이 못 미더워 어머니는 간혹 콩국수를 말았다. 그 정이 무서워서 내 콩국수 그릇은 비지처럼 빽빽했다. 얼음이 다 녹아야 그 콩국이 먹을 만한 농도가 되었는데, 그걸 기다리는 내가 어머니는 못마땅해서 연신 어서 먹으라고 재촉을 했다. 그래서 나는 으레 콩국수는 그런 음식인 줄 알았더랬다. 어른이 되어 직장 동료들과 콩국수를 먹으러 가서 깜짝 놀라고 말았다. 제법 진하다고 소문난 집에서 주는 콩국의 농도가 내게는 겨우 다 먹은 콩국수에 물 부어 헹궈놓은 것처럼 보였기 때문이었다. 콩국수란 국수를 감아올리면 진득한 콩국이 국숫발에 처덕처덕 붙어 따라올 정도가 되어야 진국이 아니냐고, 그런 황당한 표준이 내게는 있었던 것이다. 내 동료들은 그런 나를 놀리느라 "콩국수란 모름지기 숟가락을 써야 하는 건가?" 하고 농담을 했다.

여름의 국수라면 또 냉면이다. 콩국수나 열무국수 따위, 냉면이 더 윗길이라고 할 분도 있겠다. 허수룩하게 대충 말아 먹는 그런 국수에 비하면, 냉면이 손도 많이 가고 재료비도 더 든다. 시내의 냉면 명가들의 자존심과 위신도 드높다. 그렇지만 난 그런 쪽 냉면집보다는 시장 통의 데면데면한 집들이 더 기억난다. 번듯한 양복쟁이들은 도저히 오지 않는, 시장 상인들과 주머니 가벼운 월남 인사들이 향우회 하듯 모이는 남대문시장 통의 '부원집'이 그것이다. 지금도 한결같이 문을 열고 있는데, 값도 헐고 맛은 평양의 그 맛이라고 했다. 여름이 바짝 고삐를 조이면 어머니는 겨울 동안 몇 번 다녀오고 잊고 있던 이 집을 다시 찾았다. 겨울 냉면이 제격이지만, 그래도 한여름 더위에 냉면도 괜찮았다고 생각하셨을 것 같다. 남대문시장이 나른한 오후가 되고 노점상에서 팔고 있는 복숭아가 물러서 향기를 잔뜩 내는 시간이면 냉면집에 닿았다. 그때쯤이어야 좀 한가해서 눈치 안 보고 냉면을 먹을 수 있기 때문이었다. 앞섶에 비닐 앞치마를 댄 요리사들이 바쁘게 움직이는 모양이 액자만 한 주방 창으로 보이는 그런 집이었다. 우리 식구는 주인네에게 참 고마운 존재였을 텐데, 한가한 시간 골라 오지, 거기에다가 냉면을 먹고 일어서기까지 딱 오 분이면 족했기 때문이었다. 냉면은 그야말로 순식간에 젓가락에 부러지도록 말아서 먹는 음식이라고 어머니가 누누이 강조한 까닭이었다. 냉면이 목에 걸려 눈물이 날 지경이어야 진짜 냉면 맛을 안다고. 나의 요상한 냉면론은 거기서 출발한 셈이다. 선풍기가 털털거리며 돌아가는 홀에서 숨이 막히도록 냉면을 우겨넣고 가게를 나서면 잠깐 아랫도리가 휘청거렸다. 농익은 여름이 냉면집이 있는 아동복 상가의 좁은 골목에 가득 차 있었다.

얼마 전, 어머니를 모시고 그 냉면집에 들렀다. 메밀 삶은 물에 예의 간장을 타서 드시면서 어머니가 혼잣말처럼 중얼거렸다.

"그때는 이 집이 참 컸는데……. 너희들은 참 작았고……."

그리고 보니 어머니가 앞서 걸으시던 그 시절의 냉면집 골목길도 어머니의 치마폭도 참 넓었더란 생각이 들었다.

얼음
배달하던

소년

수박과
화채

여름이면 언제나, 돌아가신 외숙모와 수박화채 생각이 난다. 안 그래도 없이 사는 우리 집에 외숙은 세간도 없이 곁방을 살았다. 우리도 어찌어찌 얻긴 했지만 그나마 독채 건물이어서 어쨌든 주인 눈치 없이 객식구를 들일 수 있었던 것이다. 한여름, 모깃불 피워놓고 수제비도 뜨고 옥수수도 구웠다. 서울 변두리였지만, 제법 운치가 있었다. 그저 툇마루에 앉아 인생사 고단함을 반추하시는 부모님이야, 곤란한 생계를 걱정하고 있었겠지만.

없는 집에 입맛 떨어질 순간이 어디 있었겠느냐만, 여름은 여름이었다. 증기를 뿜는 것 같은 날씨로 대충 몸도 마음도 익어버려 헛숨만 쉬는 나날이었다. 자글자글 끓던 그 동네의 흙길, 얇고 구멍 난 신발 밑창에서 그 열기를 그대로 느꼈다. 딱 더위 먹을 만하면 어머니는 용케 해갈의 용단을 내리셨는데, 다름 아닌 수박화채였다. 그래도 시누이라고 수박값을 내고, 외숙모가 치다꺼리를 했다. 별 게 있었던 건 아니고, 수박을 대충 모양내지 않고 자르거나 숟갈로 속살을 파내고, 얼음 등속을 준비하는 일이었다. 화문석 같은 돗자리가 하나 있어서 마루에 펴고 식구가 둘러앉았다. 참, 이 수박화채 모임에는 나의 노역이 있었다. 그때는 얼음을 모두 사 먹던 시절이었고, 그것이 내 몫이었다. 아마도 50원인가, 그 밑의 돈을 쥐고 석유 가게에 갔다. 겨울에는 석유, 여름에는 얼음을 팔아 생계를 트는 게 그쪽의 궁리였다. 그래서 뱃속까지 싸한 석유 냄새가 나는 드럼통 옆에 두툼한 보온용 문을 댄 작은 얼음 창고가 있었다. 위생이랄 건 없었다고 봐야 한다. 대충 갈고리로 얼음을 꺼내서 노상에 놓고 톱으로 서걱서걱 잘라 팔았다. 잘라놓은 다음에 파는 게 좀 문제이긴 했다. 봉지라고는 시멘트 포대 같은 갈색 봉투나 교과서나 잡지 폐지로 가가호호 만들어 시장에 나오는 다양한 종이봉투가 고작이라 얼음을 담아낼 수 없었다. 비닐봉지가 없던 때였으니. 그래서 고른 게 새끼줄이었다. 미끄러운 얼음을 단단히 붙들어주는 역할을 하는, 그러니까 논슬립 로프가 아니었는가 말이다. 그렇게 새끼줄로 묶어준 얼음을 건네받으면 나는 줄달음을 쳤다. 얼른 머리껍질이 벗겨질 것 같은 '쩡한' 얼음 수박화채를 먹겠다는 일념도 있었겠지만, 무엇보다 녹기 전에 집에 당도해야 하는 까닭이었다. 아무리 새끼줄로 단단히 묶어도 줄줄 녹아버리면 별 무소용이었다. 그렇게 얼굴이 벌겋게 달아오르도록 달려서 집에 가면 외숙모는 수박을 다 떠서 커다란 양은 다라이(함지)에 담아 놓고 계셨다. 생각해보니, 냉장고가 없으면 도시에서는 수박을 화채로 먹는 게 제일 나았다. 개울물이나 시원한 우물물에 담가 놓아야 하는데, 도시에서 그게 쉬운 노릇은 아니었다. 참, 어떻게 살아온 세월인가 싶어지는, 그런 막막한 기억이 떠오른다.

화채를 만들어 먹는 이유는 또 하나가 있었다. 식구는 많고 수박은 적으니 고루 한 대접씩 돌리려면 화채가 제일 좋은 방법이었기 때문이다. 내가 사간 얼음은 가장 큰 바늘과 망치를 동원해서 잘게 쪼갰다. 그 부정형의 얼음이 화채의 맛을 돋웠다. 얼음은 화채의 보조가 아니라 주인공이었다. 빙산의 날카로운 일각처럼 부서진 얼음 조각은 수박의 사각거리는 맛에 어울려 더위를 지그시 눌렀다. 입안에서 통렬한 서늘함이 몰려오고 있었던 것이다. 나는 지금도 아이스커피나 얼음을 쓰는 무엇을 할 때면 얼음에 신경을 집중한다. 마치 구석기시대의 타제석기처럼 날카로운 예각의 얼음이, 비수 같은 날이 들어 있어야 제맛이 난다고 믿기 때문이다. 누른다고 다 떡이 아니고, 안친다고 다 밥이 아니다. 수정처럼 투명하고, 날카로운 얼음 비수를 가져야 진짜 얼음의 맛이 난다.

그렇게 배불리 화채를 먹고 누우면, 행복해야 했는데 나는 그러질 못했던 것 같다. 전생에 기(杞)나라 사람이었던 듯, 별 잡다한 걱정으로 밤을 보냈다. 화채 먹은 어린 소년치고는 참 별쭝맞았던 것이다.

그렇게 수박화채를 해주시던 외숙모는 먹고살 만하니 세상을 떴다. 가시던 해에도 젊디젊은 연세였다. 맑고 큰 두 눈이 고웁던 외숙모는 더운 여름날, 저승에서 수박이라도 드시고 계신지 모르겠다.

수박은 한국에서는 과일로 취급하지만, 서양에서는 좀 달랐다. 뭐든 굽고 볶는 서양은 과일도 날로 먹는 법이 적었다. 배나 사과, 복숭아, 파인애플, 바나나도 굽고 삶았다. 물 많은 멜론이나 수박도 여지없었다. 수박을 큼직큼직하게 썰어서 오일이나 버터 녹인 팬에 구우면 제법 그럴싸한 맛이 난다. 아하, 수박도 채소구나, 그런 미각의 신천지를 열어준다. 겉은 따뜻하고 부드럽게 녹고, 속을 씹으면 아삭하다. 수박을 꼭 익히지 않더라도 후식이 아닌 요리에 쓰는 건 흔한 일이다. 듬성듬성 썰어서 샐러드에 넣는데, 이건 그리스식이 유명하다. 우선 수박 중간 것으로 8등분하여 1개만 사각형으로 다시 과육을 썬다. 올리브유 하나에 레몬즙 반을 기준으로 섞어 소스를 만들고 소금과 후추를 친다. 페타치즈를 대충 덩어리지게 떼어내고(염소젖 치즈나 모차렐라도 좋겠다), 붉은 양파와 오이를 대충 썬다. 올리브와 토마토도 있으면 오케이!

수박을 담고 양파와 치즈를 뿌린다. 거기에 오일 소스를 끼얹으면 된다. 소스 없이 먹어도 좋다. 수박에 달콤하고 짭짤한 치즈와 올리브를 얹으면 이 궁합이 상당히 놀랍다. 단것에 짠맛이 더해지면 더 달게 느껴지고, 맛이 풍부해진다. 우리가 느끼는 케이크의 완벽한 달콤함의 바탕에는 언제나 소금이 숨어 있는 것처럼.

닭 한 마리의
충직한
투신

아버지의
닭백숙

아마도, 닭처럼 세계인의 사랑을 널리 받는 고기도 없을 것 같다. 쇠고기는 힌두교도의 터부이고, 돼지고기는 무슬림과 유태인에게는 '더러운' 고기다. 한국은 양고기의 사각지대(?)이다(그나마 최근의 중국식 양꼬치집의 선전은 의외다). 그런 그들이 모두 닭은 즐긴다. 미국은 흑백 인종의 고기 선호가 다른데, 흑인들의 닭고기 집착은 유별나다. 확인은 못 했지만, 카투사로 군대 생활을 한 내 친구의 전언은 이렇다.

"메뉴에서 닭튀김이 빠지면 흑인 병사들이 식당에서 야유를 보낸다니까."

그렇다고 백인들이 닭고기를 안 먹는 건 아니다. 무슬림이나 힌두교도처럼 특정 고기에 대한 극렬한 저항 의지를 가진 사람들도 닭은 좋아한다. 어쨌든 닭처럼 골고루 인류의 고기 욕망을 충족시켜주는 존재도 없다. 닭은 불과 한 달 남짓만 기르면 식탁에 올릴 수 있고—그대의 여름 보양식 영계는 두어 주면 털이 뽑힌다—주는 사료만큼 살이 찌는 경제적인 동물이다. 당신이 늘 신경 쓰는 '가성비'(그래 맞다. 가격 대 성능비라는 이 효율 중심의 명백한 용어)에 충성한다. 소는 되새김질을 하고, 엄청난 가스를 뿜으며, 몸의 체온을 뜨겁게 유지하느라 그 아까운 사료를 다 발산해버리는 반면, 닭은 먹는 대로 비교적 충실하게 살이 찐다. 이 고마운 존재에게 경배를 해야 할 것 같다.

사실, 그렇지만 한 가지는 짚고 넘어가자. 닭처럼 맛없는 고기도 없다. 아니, 그 맛있는 닭고기를 그렇게 무참하게 단정 지을 수 있느냐고? 그렇다. 닭고기를 날로 포 떠서 천천히 씹어보면 어떤 감칠맛이 혀에 도는지 말해보시라. 닭가슴살을 삶아서 아무것도 양념하지 않고 먹어보시라. 어떤 맛이 도는가. 마분지를 먹어보지 못했다면, 그 맛을 상상하면 딱 닭가슴살이다. 닭 육회는 참기름 맛으로 먹고, 가슴살구이는 껍질의 바삭함으로 먹는다. 고기 자체의 맛은 글쎄, 희미한 사료의 맛 외에 나는 느껴보지 못하는 것 같다. 다리살과 목살은 쫄깃한 맛으로 먹고 날개는 쫀득한 콜라겐이 입술과 혀에 붙는 맛으로 먹는다. 또 뭐가 있더라. 그래, 닭똥집이 있다. 멕시칸 츄잉껌 외에 그 어떤 맛을 상상하는가. 닭튀김은 그래서 고기에 바르는 양념 파우더의 힘으로 먹는다. 당신의 부엌에서 닭을 튀겨보시라. 구할 수 없는 양념 파우더 대신 무엇을 바르든 아무런 맛도 느끼지 못할 것이다. 볶음탕? '도리탕'이라고 부르는 그 볶음과 찜의 중간 형태의 요리는 맛있지 않느냐고?(나의 '페이보릿' 요리이기는 하다) 고추장 양념이 빠진 닭의 어떤 맛이 당신을 매혹하는가.

이탈리아의 유명한 닭 요리가 있다. 오븐에 굽고 찐다. 그 맛의 비결은 뜻밖에 다른 동물의 것이다. 바로 삼겹살이다. 베이컨을 닭에 친친 감아서 허브를 넣고 굽는다. 그러니까, 닭의 맛이 못 미더워, 밋밋한 살에 돼지기름을 바르는 것이다. 당신이 언젠가 맛있게 먹었다던 토종닭의 맛을 기억에서 끄집어내보라. 당신의 이 한마디.

"토종닭이어선지 아주 쫄깃쫄깃했어요."

쫄깃한 식감은 맛이 아니라 물리적 현상이다. 그것 말고 맛을 표현해달라. 닭 고유의 맛을 알고 싶은 건 나도 마찬가지다.

그런데도 닭은 미덕을 가진 고기다. 그 미덕이 충분히 발휘되는 건 몇 가지 요리로 만들어질 때라고 나는 믿는다. 바로 국물 요리. 닭 한 마리의 충직한 투신, 몰두할 만한 맛의 핵심을 전한다. 닭의 맛은 다분히 뼈에 있다. 닭을 오래 삶아 뼈가 가지고 있는 모든 맛이 국물에 녹아들면 닭 요리에 체면이 선다. 그건 백숙이다. 작은 닭 한 마리로 온 가족을 배불리 먹여야 했던 아버지의 선택이다. 그래서 백숙은 또한 슬픈 요리다.

살 만한 세상이며 영양 과잉의 시대에서 큰 닭 한 마리를 무심하게 삶아서 영양 보충을 하는 이들은 없는 듯싶다. 그러나 아버지의 시대에 닭 한 마리를 삶는 건, 그저 열을 가해서 요리를 하는 게 아니라 '닭을 고아' 내는 걸 의미했다. 단순히 열량으로 전달하는 요리가 아닌, 기대 이상의 에너지까지 얻으려는 주술적 음식이었다. 복달임도 그런 주술의 명백한 전승이며, 우리가 여전히 아버지의 시대에서 벗어나지 못하고 있다는 증거가 아닐까.

어렸던 시절, 아버지는 내 손을 잡고 시장에 갔다. 볼에 버짐을 달고 사는 형편까지는 아니었지만, 늘 단백질은 부족했다. 시장 닭전은 몇 집이 죽 늘어서서 경쟁을 하고 있었다. 누가 더 오래된, 고목의 밑둥치로 만든 도마를 쓰고 있는지, 누가 더 닭장에 닭을 많이 가지고 있는지 경쟁했다. 최신식 닭 털 뽑는 기계가 털털거리며 깃털을 말끔하게 뽑는 시연을 사람들에게 보여줬다. 아버지는 약간 멍한 눈으로 그 광경을 보았는데, 아마도 당신 권위의 종식을 예견한 듯한 표정이었다. 왜 아니겠는가. 아버지란 존재는, 닭의 목을 아무렇지도 않게 비틀고 이렇게 외치면서 권위를 세웠던 것이기 때문이다.

"여보. 물을 끓여요. 닭은 내가 잡을 테니."

그 시절의 아버지들은 닭전의 솜씨 좋은 아저씨들에게 닭 손질을 맡기지 않는 경우가 많았다. 따로 비용을 더 내는 것 같지도 않았는데, 꼭 생닭을 사려고 들었다. 그 닭의 누렇고 주름진 뱀가죽 같은 무늬가 선명한 발목을 끈으로 묶어 들고 집으로 향했다. 나는 의기양양했다. 아버지도 그랬는지는 모르겠다. 하여

튼 그건 돌이켜보면 인간의 원시적 유전자의 발현이었다. 부자는 사냥을 나가고, 아녀자들은 요리를 하는. 아버지는 어린 아들에게 사냥 기술을 뽐내며 짐승 한 마리를 사냥한 후 그걸 메고 집에 가는 길이었던 셈이다. 그럴 듯한 핑계도 있었겠다.

"저 기계로 닭 털을 뽑으면 살에 멍이 든단다."

아버지는 일일이 깃털을 뽑았다. 그리고 닭을 삶았다. 왜 닭다리는 딱 두 개였을까. 어쨌든 나는 불만이 없었다. 외동아들이었으므로 적어도 하나는 내 차지였으니까. 아버지가 목살을 물어 뜯었던 것으로 미루어 모르긴 몰라도 내가 두 개 다 차지했을 수도 있겠다. 내 누이는 셋이었으며, 날개나 퍽퍽한 가슴살이 몫으로 돌아갔다. 나는, 내 누이들에게 닭다리를 원 없이 사줘야 할 의무가 있다. 하지만 지금의 닭 맛이, 그때의 결핍의 시대에 환장했던 닭고기 맛이 날까. 나는 그게 두렵다. 누이들도 이젠 명품 백을 가지고 싶어 할 뿐, 닭을 좋아하지 않는다.

닭백숙은 어떤 기교도 필요 없는 단순한 요리다. 불을 때고 물을 끓이고 닭을 삶는다, 삶는다, 삶는다. 때 맞춰 젓가락을 허벅다리쯤에 푹 찔러 피가 배어 나오는지, 수월하게 젓가락이 들어가는지 알아보는 게 요리의 전부였다. 커다란 쟁반에 닭을 올리고, 아버지는 그걸 분배했다. 권위의 절정이었다. 다리를 뜯고, 살을 바르고, 닭똥집과 간을 소금에 찍는 모든 행위는 아버지에 의해 설계됐다. 물론 고소한 콩팥이나 간조차도 나에게 우선권이 있었다. 누이들아, 닭 내장도 한껏 사줄게.

식구들은 닭을 뜯고, 뼈를 씹었다. 칼슘도 부족한 시절이었다. 닭 뼈를 씹으면 고소한 선지 맛이 났다. 그러다가 젖니가 훌렁 빠져버리기도 했다. 그 가난한 카니발의 마지막은 국물이었다. 어머니는 닭 껍질이 들어 있는 뜨거운 국물을 분배했다. 소금을 치고 한 그릇씩, 원하면 두 그릇씩이라도 훌훌 마셨다―누이들이 양을 걱정하지 않고 맘껏 먹을 수 있는 건 국물뿐이었다. 입천장이 벗겨지도록 뜨거운, 누런 닭기름이 둥둥 뜬 비릿한 그 국물을 마셨다. 들이켰다. 닭 먹은 태가 났다. 백숙은 젠장, 서러운 음식이었다.

플라스틱처럼 가지런히 스티로폼 그릇에 놓여 포장된 마트의 닭고기는 밥맛이 떨어진다. 세상에서 제일 맛없는 닭고기는 우리 주방 젊은 요리사 녀석들이 가슴 근육을 키우기 위해 삶아서 먹는 닭고기다. 아무 맛이 없어서 슬픈 닭고기가 더욱 서러워진다. 맛없다고 인상 쓰지 마라. 여름이 오잖니. '피트한' 티셔츠를 입어야 하잖니.

오직 연하다는 것 말고는 먹을 게 없는 삼계탕에 나는 실망한다. 그 어린 닭이 엉덩이를 삐죽 내밀고 국물에 몸을 처박고 있는 꼴이 보기 싫다. 와이셔츠 깃을 풀고 국물을 마시며, 물수건으로 목덜미를 닦는 중년도 피곤하다. 조촐한 카니발도 무엇도 아닌 얄팍한 뚝배기다. 커다란 놈을 잡아 백숙을 먹자. 아버지랑

손잡고 닭전에 가자. 돌아오는 길, 그 여름날 일요일의 고단한 햇빛과 골목길을 가득 채우는 이른 저녁 짓는 냄새가 나지 않는가. 그리고 깃털을 뽑는 아버지의 우악스러운 손을 보고 싶다.

닭백숙의 고민거리 가슴살을 맛있게 먹는 법

가슴살을 뱃속에 넣어봐야 퍽퍽해지고, 고기 자체의 맛도 없다. 그렇지만 요리만 잘하면 가슴살 특유의 맛을 최대한 끌어낼 수 있다. 서양 요리에서는 가슴살의 퍽퍽한 듯한 맛을 상쇄할 요리법이 전수된다. 바로 껍질이다. 우리나라는 가슴살만 따로 사면 대개 껍질이 벗겨진 채 들어 있다. 나는 이 점이 의아하다. 껍질이 붙어 있어야 뭔가 요리를 해볼 수 있다. 어쨌든 닭 한 마리를 사면 가슴살을 껍질이 떨어지지 않게 잘 발라낸다. 한 마리면 당연히 두 조각이 나온다. 그걸 소금과 후추, 약간의 술에 두어 시간 재워둔다. 팬에 기름을 두르고 중간불로 놓는다. 마늘 한 조각을 구운 후 갈색이 되면 꺼내 버린다. 가슴살의 껍질 부분이 밑으로 가게 팬에 올린다. 천천히, 아주 천천히 익힌다. 가슴살이 진한 황금색이 되도록 익힌다. 그런 다음 뒤집어서 조금 더 익힌다. 그러면 껍질이 바삭해지고 속은 제법 부드러운 가슴살 구이가 된다. 가능하면 속살이 분홍색이 될 때까지만 익힐 것. 너무 익히면 물론 가슴살 본래의 무심한 조직이 되어버린다. 양겨자디종 머스타드류를 발라 먹으면 좋다.

모든

기름진 것의
으뜸

돈가스의
추억

요즘 아이들은 어떤지 몰라도 우리 때는 성인식이 있었다. 무슨 유교 학습도장에서 머리에 관을 얹어주는 예식도 있었건만 변두리 동네에 그건 언감생심이었다. 다들 알아서 비밀스럽게, 아니면 대놓고 성인식을 치렀다. 담배와 깡소주의 폭음으로 가볍게(?) 대체하거나 여자 친구와 청량리발 춘천행 기차를 타는 용감무쌍한 아이도 있었다. 나는 진작 음식을 만드는 팔자였던지, 레스토랑이 그 무대였다. 레스토랑이라고 써놓고 보면 낯간지럽지만 30여 년 전에는 동네 경양식집이 곧 레스토랑이었다. 실제로 '로빈'이니 '호반'이니 하는 이름의 그 경양식집들의 외관에는 크게 영어로 레스토랑이라고 씌어 있었다. 스무 살이 넘어 용산 미군부대 안에 있는 진짜 레스토랑을 가보고 내 입은 딱 벌어졌다. 경양식 따위는 레스토랑이 아니구나, 이거야말로 중양식重洋式이구나 하고 감탄했던 것이다. 용산을 영어로 바꾼 '드

래곤 힐'이라는 곳이었는데, 생각해보면 정말 촌스러운 이름이었다. 음식은 싸고 푸짐했지만 품위 따위는 찾아볼 수 없는 곳이기도 하였다. 어쨌든 그 시절의 경양식집과는 비교도 안 되게 넘치는 소스와 기름기, 거기에 경양식집에서 쥐 오줌만큼 주던 콜라와 달리 말구유만 한 통에 담아주던 '리필 콜라'의 위력까지, 내가 거의 오줌을 지린 건 사실이었다.

어쨌든 동네 경양식집에서 우리는 성인식을 점잖게 치렀다. 일부러 누나의 청바지를 입고, 농구화로 멋을 내고 머리에 로션을 발라 도끼 빗으로 빗어 넘기고 어른인 척 그곳에 갔다. 마침 한 선배와 같이 갔는데, 그도 경양식집이 처음인 건 마찬가지였다. 그는 교련복 깃을 안으로 숨기고 겉에 나일론 점퍼를 걸치고 있어 꼴사나웠지만, 마치 그런 곳이 처음이 아닌 것처럼 행동하고 있었다. 그래봤자, 네 녀석들……. 더벅머리를 한 웨이터는 내색은 안 하고 있었지만 우리의 정체를 다 알고 있다는 투였다. 웨이터는 처음부터 야코를 죽일 것처럼 묘한 웃음을 짓고 있었다. 우리들은 나름 준비를 하긴 했다. 이미 이 집에 다녀간 바 있는 친구를 통해 경양식집 에티켓이랄까, 초짜 티 안 내는 법에 대한 연구가 있었던 것이다. 친구는 몇 가지 주의 사항을 일러주었는데 이런 것이었다.

"빵이냐 라이스냐를 물어보면 빵이라고 해야 한다. 안 그러면 얕보이거든. 그리고 후식은 반드시 커피나 립톤 홍차로 달라고 해. 콜라는 애들이나 먹는 거잖아. 특히 우유 달라고 하면 개망신이다?"

웨이터는 메뉴를 가져다주고 사라졌다. 다시 돌아온 그는 주문을 받기 시작했다. 나는 돈가스, 선배는 정식. 문제는 그때부터였다. 웨이터는 우묵한 접시에 담긴 크림수프와 사우전 아일랜드 드레싱을 뿌린 양배추 샐러드를 가져다주었다. 우리는 고기가 나오면 같이 먹기 위해 수프를 야금야금 핥듯이 조금만 먹고 샐러드도 아껴두었다. 십여 분 후 웨이터가 오더니 냉큼 그 수프와 샐러드를 가져가는 것이 아닌가. 우리는 눈앞에서 그 놀랍고 달콤한 수프와 녹진한 샐러드가 사라지는 것을 목격하고 말았다. 아, 코스 요리의 에티켓을 우리는 알지 못했던 것이다. 친구도 그에 대해 일언반구도 없었던 까닭이었다.

다행히도 기름에 튀긴 그 돈가스는 고소했다. 돼지고기를 이렇게 먹을 수도 있구나. 돈가스에 얹어진 달콤하고 진한 소스까지 우리는 말끔히 먹어치웠다.

돈가스는 알다시피 돼지 돈豚자와 영어 커틀릿이 합쳐진 말이다. 일본이 고기를 먹기 시작한 최초의 혁명, 메이지 유신 시기에 유럽에서 건너왔다고 한다. 그 요리가 일제 치하의 우리에게 전달되고, 경양식집이라는 전형적인 일본식 레스토랑 스타일로 조선에 전해졌다는 게 정설이다. 돈가스는 일본에서 명명된 것처럼 유럽의 포크커틀릿과는 다른 길을 걷는다. 보통 유럽의 경우 고기를 두들겨 펴는 경우가 많은데, 돈가스는 두툼하게 튀기고, 잘라서 제공된다는 점이 원형과 많이 다르다. 그래서 젓가락으로 먹게 되어 있다. 반면 한국은 돈가스를 받아들여 나름의 세계를 만든다. 일본식 돈가스보다는 포크와 나이프를 쓰는 경양식 스타일로 남아 있게 된다. 물론, 일본의 전형적인 경양식집의 방법이긴 하다. 그런데 일본이 포크커틀릿을 일본화한 것 이상으로 한국화의 개성을 한껏 보여준다. 일본이 단무지를 제공하듯이, 우리는 김치를 주고 심지어 풋고추에 된장을 함께 주기도 한다. 우거지국을 사이드로 주는 집도 있다. 역시 창의적(?)인 한국인다운 발상이다. 매운 음식이 없으면 밥을 못 먹는 우리의 식성을 반영한다고 할까.

그런데 돈가스의 원형인 포크커틀릿은 어디서 온 걸까. 포르투갈, 독일, 네덜란드 등 다양한 나라가 거론된다. 그런데 이 요리는 유럽의 상당수 나라에 있었으며, 지금도 인기 요리다. 보통 독일어권에서 슈니첼이라고 부르며, 이탈리아에서는 코톨레타라고 부르는 요리가 바로 그것이다. 이 코톨레타는 돈가스처럼 돼지 등심보다는 갈비를 많이 쓴다. 갈비에 붙은 살을 펴서 튀기는 것이다. 독일의 슈니첼과 흡사하기는 한데, 중요한 차이가 있다. 독일이나 오스트리아 어디서든 먹을 수 있는 슈니첼은 밀가루-달걀물-빵가루의 순으로 묻혀서 튀긴다. 반면 이탈리아식, 특히 이 요리가 가장 유명한 밀라노에서는 밀가루를 안 쓰고 달갈과 빵가루를 묻혀 튀긴다. 이 요리는 코톨레타 알라 밀라네제 Cotolletta alla Milanese라고 부른다. 즉 밀라노식 커틀릿이란 뜻이다. 밀가루를 묻히고 안 묻히고는 꽤 큰 차이가 드러난다. 밀가루를 쓰면 피가 두툼하게 만들어져 더 양이 많아지고 고기가 피 밖으로 빠져나온다. 밀라노식 커틀릿은 빵가루는 바삭하게 입안에서 부서지고, 고기의 순수한 튀겨진 맛이 뒤를 받쳐서 진하게 느껴진다.

원래 돼지갈비를 많이 썼는데, 요새는 송아지 갈비를 쓰는 경우가 더 흔하다. 갈비뼈가 붙은 그대로 송아지 고기를 튀기는 것이다. 특이하게도 기름이 아니고 버터에 튀긴다(살짝 느끼해지는군). 버터는 온도가 높으면 타버리므로 낮은 불에 천천히 익히는데, 이 때문에 고기 껍질이 더 바삭해진다. 소스는 대개 뿌려먹지 않으며, 레몬즙 정도를 뿌리는 경우가 있다.

몇 해 전, 히틀러가 태어난 오스트리아의 소도시 린츠에 간 적이 있다(그러니까, 일부 독일인들은 히틀러가 독일 태생이 아니라는 사실을 강조하기도 한다. '우리 잘못이 아니야!'). 다뉴브 강이 흐르는 평화롭고 아담한 도시 린츠는 역시 독일어권 도시답게 저녁 여섯 시면 도심이 철시하다시피 정적에 휩싸인다. 나는 한 작은 태번(목로주점)에서 밥을 먹어야 했는데, 지금도 뚱뚱한 아줌마 주방장이 튀겨준 슈니첼과 생맥주의 맛을 잊지 못한다. 튀긴 돼지고기라. 폭식의 유혹에 빠뜨리는 모든 기름진 것들의 으뜸이라고나 할까. 그 느끼한 맛을 씻어주는 데는 레드와인보다 맥주였다. 그러면 튀긴 돼지고기의 원조 싸움은 역시 맥주를 만드는 독일어권인가.

나도
만두당이 있으면

가입하련다

　　　　　　　만두의 육즙

군대 시절, 어찌 된 군대가 1년에 8개월은 노상 밖으로 떠돌았다. '알보병'이니 모든 이동은 발로 하는 부대였다. 절벽 길에서도 졸면서 걷는다는 그 무시무시한 내공의 병장들 뒤를 졸졸 따라다니며 그렇게 군 생활을 시작하던 쫄병 때였다. 심지어 2박 3일을 내리 걸을 때도 있었는데(세상에, 무슨 전쟁을 발로 하나) 그 고통을 잊는 건 순전히 먹는 상상이었다. 마침 단짝이던 윤 상병과는 죽이 잘 맞았다. 곡성 출신의 그는 부산을 떠돌며 노가다를 해본 경험이 있어서 그 동네 술안주에 밝았다.

"워미, 등쭐기가 시퍼런 고등어를 껍딱 확 베껴서 회쳐노믄 소주가 마구 들어갔제."

이런 식이었다. 그 얘기를 들으면 고등어 껍질이 쫘아악 벗겨지는 장면이 눈에 보일 것 같았다. 나는 고작 학교 앞 막걸리집에서 먹어본 닭갈비나 순두부가 고작이어서 그에게 견줄 요량이 없었다. 그럴 때는 어머니의 요리가 동원됐다. 솜씨 좋은 어머니의 요리 중에서 첫손가락으로 꼽히는 건 이북식 만두였다. 이북 출신도 아니신 어머니가 왜 그 만두를 했는지는 잘 모르겠다. 서울로 오신 후 어느 '선수'한테 이수받았다고 하시던데, 이게 별미였다. 크게 피를 밀고(절대 레디 메이드 피는 안 쓴다) 부추를 넉넉하게 넣은 소를 채워 넣어 삶으면 일품이었다. 이 만두는 찌면 맛이 덜 했다. 피를 아주 얇게 밀거나 발효하는 것이 아니어서 찌면 수분을 빨아들여 맛이 퍽퍽했다. 그렇게 푹 삶아서 건진 후 가운데 배를 갈라 간장을 넣고 먹었다. 워낙 크게 빚어서 딱 다섯 개만 먹어도 장정이 '아이고 어머니' 할 양이었다.

"일단 첫 번째 만두는 김이 빠지기 전에 간장을 쳐서 막 입에 넣어요. 식도로 쩌르르, 만두가 내려가면 그다음에 향이 납니다. 부추의 향! 고기와 당면보다 부추이지요. 요새 어머니의 만두는 예전만 못한데, 순전히 부추 맛이 달라져서 그렇다고 하실 정도죠."

윤 상병에게 이렇게 얘기를 하면, 나도 침을 꿀꺽 삼켰고(얘기하다가 침이 넘어가 중간중간 말을 멈춰야 했다) 윤 상병은 이렇게 기도비닉의 엄중함 속에서도 소리를 질렀다.

"아 썩을! 그만하랑께."

그 소리가 새벽 산길의 아스라한 안개 속으로 퍼져 나갔다. 그리고는 현실이었고, 만두는 몽매의 이상이었다. 만두! 이탈리아에는 토르텔리니라는 만두가 있다. 이 만두를 너무 사랑한 어느 지역 사람들이 '토르텔리니당'을 만들었다. 진짜다. 총선에도 나가 수천 표를 얻었다고 한다. 나도 만두당이 있으면 가입하련다. 만두당 합정지구당위원장은 옆집 '우리만두' 사장과 겨뤄야 하겠지만 말이다.

  중국을 하릴없이 빙빙 돌며 여행하던 시기가 있었다. 텐진의 '꺼우뿌리' 만두도 먹어보았고, 북경의 왕만두도 나의 만두당파적 과격한 애호의 대상이었다. 나의 당파성은 만두였다. 북경은 나름 패스트푸드가 발달한 곳이었다. 지금은 맥도널드와 케이에프씨까지 있지만 내가 다니던 시기의 패스트푸드는 만두와 일회용 도시락이었다. 이런 패스트푸드가 발달한 이유가 있다. 북경이 수도이므로, 시골에서 많은 이들이 관광을 왔다. 돈은 없는 시골 사람들이 거리에서 한 끼 때울 음식을 찾았고 상인들은 그걸 만들었다. 두 가지 반찬 정도가 들어간 싸구려 도시락이 2위안(3백 원가량)이었고, 어마어마한 크기의 왕만두가 1위안이었다. 90년대 초반이니 그리 먼 일도 아니다. 그렇게 파격적인 값의 만두는 달았다. 베어 물면 물이 주르륵 흘렀다. 누구는 육즙이라고 부르는, 실은 녹은 비계와 한천 같은 바닷말의 일종이 녹은 물이었다. 그걸 입가로 줄줄 흘리면서 종이에 싸준 만두를 걸어다니며 먹는 것이었다. 중국은 만두 문화는 간장을 찍는 경우가 드물다. 그저 만두 그 자체의 즙과 향을 즐긴다. 하긴, 간장처럼 센 양념은 모든 맛을 간장으로 수렴해버리고 말지 않는가.

그렇게 쭉쭉 빨면서, 북경 만두의 두툼하게 발효된 피皮를 씹으면서 걷는 것이 진정한 북경식 관광 행위였다. 그러다 다시 배가 고프면 하나를 더 사먹으면 됐다. 만두집은 어디서든 눈에 띄었다. 사람들이 길게 줄을 서 있으면, 아니 마구잡이로 만두 솥 앞에 '호떡집 불난 것처럼' 몰려 있으면 그것이 만두집이었다. 그 틈을 뚫고, 만두 연기를 쐬어 가면서 만두 하나를 받아 들면 됐다.

중국의 만두는 한국에도 이젠 진짜배기가 많이 소개된다. 중국 만두는 파오쯔라고 부른다. 만두는 속에 아무것도 안 든 그냥 찐빵을 의미한다. 지역별로 만두가 다 다르다. 홍콩의 딤섬에 나오는 만두를 아는 분들도 많을 것이다. 속이 비치게 얇게 피를 미는데, 이건 쌀가루를 섞어서 그런 경우다. 남쪽은 쌀이 많고 북쪽은 밀가루의 고장인 까닭이다. 상해의 소룡포(소룡포가 아니다)도 한국에 소개됐다. 촉촉한 국물이 맛있는 부드럽고 향기로운 만두다. 북경식은 크고 채소 따위로 속을 꽉 채우는 경우가 많다. 북쪽 지방은 확실히 뭘 해도 아기자기함보다는 대륙적이고 터프하다.

명동에 몇몇 만두 잘하는 집이 있는데, 인천 차이나타운에도 독보적인 곳이 있다. 원보라는 집인데 밖에 '짜장면은 안 팝니다'라고 써 붙여 놓았다. 진짜 중국 음식에는 짜장면은 없다는 단호함이 보인다. 안에 들어가면 더 웃긴다. '짜장면, 짬뽕 안 팝니다'. 후덕한 아주머니 왈.

"짜장 안 팔면 짬뽕은 없냐고 합니다. 만두의 맛을 모르는 분들이지요."

그래요. 저도 그렇게 생각합니다. 안쪽의 정갈한 부엌에서 온 식구가 달려들어 만두를 빚는다. 진짜 만두 맛이다. 중국의 맛이다.

운동회와 어머니의 찬합 쌓기

도시락 찬합

집에 국어사전이 없었던 나는 신문이나 책을 읽다가 모르는 낱말이 나오면 멋대로 해석하곤 했다. 절집에 매달린 풍경風磬을 風景으로 이해하는 식이었다. 정확한 뜻을 알게 된 후에도 '철그렁 철그렁' 우는 처마의 풍경은 그윽한 산사의 풍경風景을 담아내는 것처럼 착각이 일었다. 시각의 청각화라고나 할까. 도시락을 뜻하는 일본어를 동네 할머니는 '변또'라고 불렀는데, 비위가 약한 나는 그 말을 들으면 점심을 먹을 수 없었다. 왜 일본 사람들은 먹는 것에 그렇게 고약한 이름을 붙였을까. 어른이 되어 일본에 가서 문제의 그 변또가 아름답기 그지없는 일본식 미학의 결정판인 오벤토, 그러니까 도시락이라는 걸 보기 전까지는 그랬던 것이다. 자기 학대의 미학을 보여준 걸출한 모더니스트 다자이 오사무의 소설 〈쓰가루〉는 최근에 읽고 한동안 그 자욱한 여운에 몸서리를 쳤던 소설이다. 이미 수차례의 자살 시도로 심신이 망가진 다자이가, 밥을 벌러 한 잡지사의 원고 청탁을 받아 고향 쓰가루 지방을 기행하는 형식의 줄거리다. 얼핏 읽으면 그저 그런 일본의 옛 시골 이야기와 별 관심 없는 다자이의 고향 사람들에 대한 소묘처럼 보인다. 그런데 다자이의 스산한 심정과 독특한 인물 해석을 뒤따라가다 보면 이내 놓을 수 없는 마력이 우리의 시선을 붙든다. 소설이라기보다 기행문에 가까운 사실적 내용이 패전 직전 북부 일본의 생활상도 그대로 보여주고 있는데, 다자이를 길렀던 보모와의 30년만의 해후 부분은 일본 문학사의 명장면으로 남아 있다고들 한다. 눈물도 없고, 호들갑도 묘사되지 않는 그 해후가 오히려 저릿하게 가슴을 저미고 둔중하게 친다. 보모를 만나기 위해 그녀가 사는 마을로 찾아간 다자이. 마침 보모가 자식의 운동회 참석차 나갔다는 말을 전해듣고 시골 학교로 발길을 돌린다.

"모래언덕 위에 초등학교가 서 있다. 그 학교 뒤편으로 돌아가서는 나는 멍해졌다. 그야말로 꿈을 꾸는 것 같은 기분이었다. (중략) 먼저 만국기, 화려하게 옷을 차려입은 아가씨들, 여기저기 눈에 띄는 대낮의 취객들, 그리고 운동장 주위에는 백 개 가까운 천막이 빈틈없이 들어서 있고 (중략) 가족들이 찬합을 펼쳐서 어른들은 술을 마시고 아이들과 여자는 밥을 먹으면서 (하략)"

아, 나의 운동회는 어땠던가. 당시 내가 다닌 학교는 폭발적인 도시 유입 인구가 몰려들던 서울의 변두리에 있었다. 늘어나는 학생을 감당하지 못할 지경이었고, 3부제 수업이 예사였다. 60명 정도가 들어갈 교실에 90명씩 '때려 넣었'으니 한 학기가 끝날 때까지 담임조차 얼굴도 모르는 학생이 있을 정도였다(야, 너 몇 반이야?). 그런 형편에 운동회는 오죽했을 것인가. 관리가 안 된 운동장은 뽀얗게 먼지가 일어 관내 기관장들이 앉아 있는 천막 옆에 물을 뿌려도 멀리 있는 친구 모습이 보이지 않았고, 한꺼번에 여러 행사를 동시 진행하느라 난장판이 벌어지곤 했다. 박 터뜨리기 하는 2학년들의 한복판으로 3학년 공굴리기 팀이 지나가는가 하면, 장애물 경주용 사다리 옆으로 낙오한 2인3각 팀이 뛰어들곤 했다. 온갖 잡상인들이 학교를 휘젓고 다닌 건 물론이었다. 솜사탕 자전거를 쫓아내면 사진사 아저씨들이 완장을 차고 호객을 했고, 아이스크림과 번데기 '구루마'가 '존경하는 내빈석' 옆에서 손님을 받기도 했다. 운동회는 고역이었다. 한두 시간만 흐르면 먼지를 너무 먹어 입안이 버석거렸다. 하기는 해야 하니 어떻게 치르고는 있었으나, 학교나 학부모나 고역이긴 마찬가지였다. 좁아터진 운동장에 그것도 2부제로 치러도 사람들로 넘쳐나고 프로그램도 졸렬해서 우리가 생각하는 그런 운동회의 분위기가 나지 않았다. 언젠가 시골 출신의 친구가 운동회의 '아름다운 추억'을 말하는 걸 듣고 이해가 되지 않았다. 운동회는 군대 말로 하면 '사역' 같은 거였다. 억지 춘향이었고, 70년대 서울 변두리의 속사정을 적나라하게 보여주는 자화상이었다.

그 대목에서도 점심시간에는 어쨌든 학교 구석구석에 다들 자리를 잡고 앉아 도시락을 먹었다. 대부분 김밥 도시락을 펼쳤는데 유독 우리 집은 별났다. 어머니는 어려운 살림에도 무리를 해서라도 찬을 챙겼다. 반찬 가짓수가 많지는 않았지만 양을 넉넉하게 담았다. 남들처럼 사각 도시락이 아니라 겉에 화초와 대나무, 새가 그려진 검정색의 찬합이었다. 어머니로서는 최대한 멋을 낸 도시락이었다. 밥이 한 단, 나물과 달걀 등속이 한 단, 거기에 고기나 생선이 한 단, 후식으로 한 단……. 어머니는 단수 높게 층층이 찬합을 쌓아 올리면서 흐뭇해하셨다. 어쩌면 운동회는 어머니의 찬합 쌓기의 재미로 존재했는지도 몰랐다.

찬합에 음식을 쌓는 건 동양 삼국에 다 있었을 것이다. 어느 시대든 들놀이가 있었고, 음식을 담아 가는 방법도 크게 다르지 않았을 것이다. 우리 찬합은 이제 보기 어려운 그림이 됐다. 비싼 돈을 내고 사는 이바지 음식과 폐백 음식에서나 찬합을 구경한다. 찬합은 단순히 음식을 이동하는 그릇 이상의 의미가 있었다. 우선 아름다운 장식과 그림을 입혔다. 주인의 미적 감각을 엿볼 수 있는 기물이었다. 팔각이든 원형이든 사각이든, 그 모양에 따라 음식을 어떻게 담는가 하는 전통적 가치와 미적 기술도 있었을 것이다. 1단과 2단의 구성이 어떻게 다르며, 생선을 담을 때는 어떻게 한다는 식의 내림도 있었을 것이다. 그런데 우리 생활에서 그런 찬합을 구경하기 어려워졌다. 일본은 아직도 신정(양력

1월 초하루)에 먹는 오세치 요리로 찬합의 미학을 대중들 사이에서 보여준다. 연근과 밤, 새우와 달걀 같은 의미 있는 반찬과 밥을 담아 선물도 하고 가족들끼리 나눠 먹는 문화가 아주 성하다. 세밑에 일본의 백화점 상가에 갔다가 이 오세치 요리를 파는 매대에 사람들이 길게 줄을 선 것을 보고 깜짝 놀랐다. 본질보다 모양이 너무 승해서 과연 일본다운 미학을 보여주는 경우가 많았는데, 어쨌든 그 찬합의 구성은 한 편의 채색 동양화를 보는 것 같았다. 하긴 일본의 도시락에 대한 집착은 대단한 바가 있어서, 심지어 열차칸에서 파는 도시락을 주인공으로 한 장편 만화까지 있을 지경이니까(이방인인 내 눈에는 그 지방별 차이가 별로 느껴지지 않았다. 그만큼 그들의 도시락 문화가 깊어서 섬세한 차이로 개성을 보여주고 있었달까).

이젠 어머니가 찬합에 반찬을 담아 높직하게 쌓은 후 화려한 색깔의 보자기로 싸는 장면을 볼 수 없다. 아이의 운동회에는 찬합이 들어갈 기회조차 없다. 아이는 정해진 종목을 뛰고 점심시간이 되어 '급식'을 먹으러 교실로 갔다. 이걸 편리라고 해야 할지, 전통의 멸절이라고 슬퍼해야 할지 나는 모르겠다. 다만, 어머니가 아끼던 그 찬합도 이제 흔적이 없다는 것이 가슴 아프다. 시금치를 무치던 고소한 참기름 냄새에 깨어나던 내 소년의 새벽 잠자리도 더는 없다. 물론 내 아이에게도 그런 새벽 잠자리의 추억 따위는 없는 것이다. 이것이 인생이려니 하기에는 슬픈 일이다.

전은
지구전持久戰이다

배추전

어머니가 전을 부치는 솜씨는 자못 예술적 경지를 보였다. 석유풍로를 켜고 넓적한 무쇠 프라이팬을 얹으면 나도 모르게 침이 넘어갔다. 못 쓰는 행주를 둘둘 말아 무명실로 단단히 묶으면 그럴듯한 기름붓이 되었다. 귀한 들기름을 슬쩍 찍어서 프라이팬에 골고루 바르면서 기름 대우를 하면 프라이팬이 알맞게 길이 들었다. 그러면 그날 쓸 전 감을 치이익, 올린다. 어머니의 전은 '빈자의 전'이었다. 빈대떡의 어원이라고들 하는 그 빈자貧者와 뜻은 같되, 빈대떡은 아니었다(세상에나, 그 비싼 녹두를 쓰는 빈대떡이 빈자의 전이라니). 어머니의 고향인 경상도 내륙의 전이었다. 농토가 적어 밀가루도 귀했던 그 지역은 배추를 주재료로 전을 부쳤다. 그 동네 말로 '배추적'이라고 불렀다. 밀가루를 아끼기 위해서 물을 많이 넣어 반죽했다. 풀빵을 만드는 그 정도 농도라고 생각하면 되겠다. 거기에 시퍼런 배추포기를 한 장씩 뜯어 넣고 반죽물을 슬슬 묻혔다. 묽은 반죽물은 배추에 붙는다기보다 슬쩍 맛만 보이고는 도로 반죽통 속으로 흘러내렸다. 그렇게 해서 최소량의 밀가루로 온가족이 실컷 먹을 수 있는 배추전을 부칠 수 있었다. 어머니는 넓적한 뒤지개로 밀가루 물을 살짝 뒤집어쓴 넓적한 배추를 솜씨 좋게 뒤집었다. 지글지글거리는 소리와 함께 온 집 안에 퍼지던 들기름 냄새란. 기름 장수가 머리에 이고 온 들기름은 고소하기 짝이 없어서 그이가 다녀간 한참 후에도 냄새가 집 안에 남아 있을 정도였다.

배추전은 마른버짐이 필 만큼 기름기 부족한 사람들에게 훌륭한 음식이었다. 요새 제사처럼 고기나 생선이 넉넉히 제사나 차례 상에 오를 수 없는 형편에, 윤기나는 음식으로 전은 주인공이었다. 입가에 번들거리는 기름기를 묻히는 건, 절대 일상의 일이 아니었던 시절이었으니까.

배추전은 제사에도 쓰고, 명절에도 상에 올렸다. 어머니의 고향은 배추전이 제사상에 빠지면 안 되었다. 지금도 아버지 제사상에는 내 처가 부친 배추전을 잔뜩 괴어 올린다. 요즘 누가 그 배추전을 즐기겠는가. 추억의 음식으로 한두 점 집어먹고 남은 배추전은 처치 곤란 1호가 된다. 그래도 제수는 고임의 부피가 있는지라 일정량의 배추전을 부쳐야 하는 건 피할 도리가 없다.

배추전을 먹자면, 뜨거울 때보다도 좀 식어서 손으로 죽죽 찢을 수 있을 때가 제격이다. 부쳐서 광주리에 올린 후 광에서 두어 김이 빠져 미지근할 때도 좋고, 아주 차갑게 식었을 때도 좋다. 나는 아주 차가운 걸 더 좋아한다. 그걸 손으로 죽 찢어서—김장김치 찢듯이 할머니의 손을 빌리면 더할나위 없겠다—간장을 찍은 후 한입에 우겨 넣으면 입안에 가득 차는 포만감이란! 좀 뻣뻣하던 줄기는 아삭아삭하게 씹힐 정도로 익었고, 이파리 부분은 하늘하늘한 촉감을 선사한다. 간장에는 기왕이면 식초를 좀 치면 좋겠다.

배추전을 먹기 위해서는 명절이나 제사를 기다려야 한다. 그런데 간혹 친구들과 막걸리를 마시는 집 안주 목록에서 그걸 발견한다. 친구들은 배추전에 대한 기억이 없으니, 그까짓 배추로 만든 전을—김치도 아니고—돈 주고 사 먹자는 나를 이해하지 못한다. 그래도 우겨서 시켜놓고 보면 아아, 그 실망은 필설이 소용없다. 두툼하고 되직한 반죽을 입혀(그런 건 도우넛 반죽 같다) 배추가 보이지도 않는다. 다시 말하지만, 배추전은 배추가 주인공이지 반죽은 어디까지나 배추를 먹을 수 있게 돕는 조연일 뿐이다. 또 어디서 배운 요리법인지, 기름을 그득하게 붓고 튀기듯 지져낸다. 본디 기름이 비싸서 기름붓으로 아끼듯 바른 후 천천히 익혀냈던 게 우리의 전을 부치는 전통이다. 이젠 기름이 아무리 싸다고 해도 그 전통을 거스르면 전이 아니라 튀김이 된다. 아쉬워서 생긴 풍습이 요리법의 한 전형을 이루었는데, 당신이 그걸 파괴할 수는 없다.

전은 기름막이 있는 듯 없는 듯 바른 팬에서 천천히 요리해야 하는 음식이다. 손님이 아무리 난리를 쳐도, 후딱 만들어서는 안 되는 음식이다. 그래서 전은 지구전이다. 허리를 꼿꼿하게 세워 학대하면서 만드는 음식이다. 그걸 아는 집을 여간해서는 찾기 어렵다. 역시 늙으신 어머니를 다시 졸라야 하나.

그 시절 배추전은 막 제사상에 올라간 후에도 남는다. 음복을 하더라도 굳이 배만 부른 배추전에 젓가락이 많이 갈 리가 없다. 고기 등속이며 오랜만에 보는 좋은 음식들이 먼저 팔려 나간다. 그렇게 마지막까지 제사의 여운을 남겨주는 건 배추전이었다. 어머니는 이걸로 다시 솜씨 발휘를 했다. 고추장을 풀고 두루치기를 했다. 동태전이라도 몇 점 같이 넣으면 더 맛이 좋았다. 그 옛날, 척박한 땅에 갖은 물성이 드물었던 그곳에 배추마저 없었으면 뭘 드시고들 살았을까, 제사는 어떻게 치렀을까 그런 생각이 든다. 배추포기에 경배를 올려도 결코 지나칠 일이 아닐 듯하다.

요새는 전이 여성 명절증후군 문제의 어떤 상징처럼 거론된다. 하루 종일 전을 부치는 여성의 고통을 나는 잘 안다. 한 번이라도 남자가 바닥에 앉아 전을 부쳐보면 옆에서 남자들끼리 술추렴이나 하잔 말이 안 나온다. 보기에는 헐렁한 일같이 보이는 전 부치기가 고통스러운 명절 노동이 된 건 심히 유감스럽다. 선친이 좋아했던 배추전을 며느리가 부치는 일이 안쓰러워서야 내 체면도 안 선다. 그런데 이게 해보면 입이 턱 막힌다. 원래 전 부치기란 허리가 혹사될 수밖에 없다. 우리의 아파트 구조는 가스레인지에서 전을 부칠 수가 없다. 몇 점이라면 모를까, 몇 고임을 해야 할 만큼 양도 많은 데다가 전은 빨리 익히는 튀김과 달리 낮은 온도에서 천천히 재료 속까지 익히는 요리법이다. 안 그래도 요리할 게 많은 가스레인지에서 전은 밀려난다. 그래서 바닥에 전기프라이팬을 깔고 지지게 된다. 멀쩡한 허리가 군데군데 금이 간다. 이건, 차마 할 수 없는 노동이다. 대식구라면 전형적인 '슬로 쿠킹'인 전을 다 부치기 위해 반나절은 써야 한다. 전 담당은 다른 일은 할 수도 없다. 양도 많고 시간도 끝도 없이 늘어지는 일인 까닭이다. 막 뒤집은 전은 딱히 달리 할 일이 없어도 자리를 비울 시간은 허락하지 않는다. 기어이 2, 3분이면 다시 뒤집어줘야 하는 게 전의 운명이다. 예전, 재래식 부엌은 차라리 그만큼의 고통은 없었으리라. 마당에 풍로를 내놓고 부치자면 의자에 앉아서도 얼마든지 할 수 있는 일이었을 것이다.

사족처럼 전에 대한 생각 한 가지 더. 언제부터 우리 전에 '게맛살'이 슬쩍 자리를 차지했는지 모르겠다. 새로운 재료에 대한 호기심 가득한 나도 이 전만큼은 못 봐주겠다. 게와는 아무 상관이 없는 그 맛살이 배추전도 동태전도 우습게 보듯 빨갛게 흥분해서 제사상에 오르는 걸 말이다. 조상들이 일찍이 보기 좋은 떡이 먹기도 좋다고들 하셨지만, 붉은색이 그리도 좋다면 감과 대추로도 충분한 것이 아닐까.

한국인이
사랑하는

영적
향신료

마늘의 힘

아마도 내 최초의 요리는 마늘 까기가 아니었을까 싶다. 통마늘을 물에 넣고 조각으로 나눈 후 하나씩 무딘 과도로 껍질을 벗겨내면서 요리에 참여했다. 마늘 속껍질이 애를 먹여서 손톱으로 벗기다 보면, 다음 날까지도 손톱 밑에서 알싸한 마늘 향이 남아 있었다. 요즘은 블렌더로 손쉽게 갈아버리지만, 옛날에 김장이라도 할라치면 남자들이 할 일이 생겼다. 마늘을 절구에 넣고 빻는 일이었다. 매운 기운에 눈물을 찔끔거리며, 하늘을 올려다보면 청량한 초겨울 하늘이 스크린처럼 걸려 있었던 마당의 기억들.

이탈리아에서 요리학교를 다닐 때, 선생님의 시연 시간은 자못 기대되는 순간이었는데, 학구열이랑은 담을 쌓은 나의 개과천선은 아니었다. 오직 요리에 넣는 마늘을 챙겨 먹을 속셈이었으니. 그게 무슨 소리냐면, 이탈리아 요리에 마늘을 쓰는 법이 생각과 달라서 생기는 일이었다. 우리는 파스타를 할 때 마늘을 저미거나 으깨 넣고 그대로 접시에 담는다. 그러나 이탈리아에선 향만 우려낸 후 여지없이 쓰레기통에 처박아버리던 것이었다. 올리브유에 고소하게 지진 향기로운 마늘! 그걸 버린다는 건 죄악. 이어서가 아니라 마늘에 굶주린 나의 허기를 채워주었던 것이다. 아니, 어떤 인간이 이탈리아는 마늘 많이 쓴다고 뻥을 친 거야, 뭐 이러면서 말이다. 다시 말하지만, 이탈리아는 마늘을 요리에 쓰기는 하지만, 슬쩍 향만 낼까 말까 할 정도만 쓴다. 내가 일하던 이탈리아 식당에서도 마늘 몇 통을 사면 한 달이나 두 달을 좋이 끌고 가곤 했다.

토스카나에 가면 간혹 마늘절임을 볼 수 있다. 그렇지만 식초와 소금물에 오래 담가 매운 맛을 거의 완벽하게 빼고 마늘의 향만 남아 있다. 그것 말고는 마늘 요리라고 부를 무엇은 참 드물다. 마늘은 요리의 맛을 돋워주고 나쁜 냄새와 향을 제거하는 데 도움이 되지만, 그 자체로는 주재료의 맛을 반감시킨다고 믿는 것 같다. 그래서 마늘 신봉자인 한국인이 보기에 쓰는 둥 마는 둥 하는 것처럼 보인다. 한국의 몇몇 이탈리아풍 식당에서 마늘 잔뜩 들어간 요리를 드시고, 현지에서 비슷한 걸 찾으신다면 장담컨대 절대 불가능하다고 말씀드리련다. 생마늘을 달라고 해서 가져간 고추장에 찍어먹는다면, 그들은 왕방울만 하게 눈을 뜨고 몬도가네의 한 장면을 보는 것 같은 표정을 지을 게 틀림없다.

그건, '사람'이 할 일이 아니라고 생각하는 까닭이다.

서양에서 마늘을 좀 쓰는 요리는 오히려 스페인이다. 특히나 생마늘은 이탈리아에선 절대 먹지 않는다고 해도 과언은 아닌데—혹시 어느 마늘광이 토마토소스에 찍어 생마늘을 하루에 열 통씩 우적우적 먹을지도 모르는 일이지만—스페인에선 빵에 마늘을 으깨어 바르는 식으로 즐기기도 하는 것 같다. 판 콘 토마테pan con tomate라는 요리는 태우듯 잘 구운 빵에 마늘을 으깨어 바르고 역시 잘 익은 생토마토를 처바르는 것으로 맛을 낸다. 이거, 생각만 해도 군침이 도는데, 이탈리아에선 이런 식으로 생마늘 자학극을 벌이지는 않는다.

이탈리아 도시에서 버스나 지하철을 타면 중국인과 한국인을 구별하는 법이 있다. 입성도 다르지만, 냄새가 완연히 달라진다. 서양인들은 그걸 구별하지 못하겠지만, 우리 코는 분명히 구별해 내고 만다. 한국인은 마늘 냄새, 중국인은 파 냄새다. 일본인은 무슨 냄새가 날까. 글쎄, 아마도 구치와 프라다 냄새가 나겠지.

요새 마늘은 내가 어려서 깠던 것처럼 힘들여 물에 담그고 불려서 손톱을 쓸 필요가 없다. 알뜰하고 깨끗하게 벗겨져 비닐 포장으로 팔리기 때문이다. 다지는 수고도 귀찮으니 아예 다진 마늘도 나온다. 언제부터인가 통통하고 하얀 깐마늘의 덩치가 유별나게 커진 것도 큰 변화다. 육쪽마늘을 깔 때 마치 버선코처럼 날렵하고 초승달처럼 예쁜, 그 마늘이 아닌 것이다. 마늘 한 쪽으로 사인 가족 된장찌개와 겉절이를 하고도 남을 만큼 크다. 알싸하고 매우면서 톡 쏘는 향 대신 마치 마늘 향을 넣은 감자를 씹는 것 같다. 감자와 교배를 시킨 걸까, 아니면 애너볼릭 스테로이드라도 맞힌 걸까. 벤 존슨과 배리 본즈에게 물어봐야 할까.

마늘은 굳이 설명하지 않아도 우리 민족의 어떤 영적 기운에 기여하는 향신료라고들 믿는다. 고추장과 마늘 먹고 금메달 땄다, 뭐 이런 제목도 흔하게 나온다. 마늘환이며 마늘 '엑기스'와 마늘 농축액이 건강식품에서 절대 빠지지 않는다. 어느 영양제는 마늘에서 추출했다는 소문에 힘입어 늘 판매고 상위권이다. 물론 의문도 든다. 그렇게 마늘 많이 먹는 한국인이 늘 정력 분야에서 국제적으로 바닥을 기고 있다는 여러 통계는 뭐냐는 말이다.

오스트리아에 취재 갔을 때의 일이다. 당시 린츠라는 도시에 한국의 축구 국가대표 강철, 최성용 선수가 뛰고 있었다. 최 선수 댁에서 밥을 한 끼 얻어먹었다(감사합니다!). 그때 김치가 맛있다고 하자, 아버지께서 부엌으로 가시더니 마늘을 가지고 와서 내게 보여주셨다.

"이게, 터키산인데 독일까지 가서 힘들게 구한 거라오. 마늘이 좋아야 김치가 맛있고, 애들도 힘차게 뛰지."

과연 골이 깊고 묵직하여 썩 맛 좋은 육쪽마늘처럼 보였다. 마늘은, 아버님에게는 아들이 90분을 줄기차게 뛸 수 있는 힘을 주는 영약이었던 것이다. 마늘 덕인지 모르지만 최 선수는 그 프로팀에서 주전으로 잘 뛰다가 한국으로 금의환향했다. 아버지는 요즘도 한국에서 아들을 위해 좋은 마늘을 구하러 다니시는지 모르겠다.

마늘이 아무리 좋다고 해도, 나로서는 고통스러운 경험도 많다. 특히 을지로 골뱅이라고 통칭되는, 저동식 골뱅이 요리 말이다. 매운 고춧가루도 모자라 서너 숟가락의 다진 마늘을 듬뿍 얹어주는 건 위에 폭탄을 쏟아붓는 것 같은 격렬한 통증을 유발한다. 그게 맛이 좋은지 어떤지를 떠나, 후후, 입을 불며 속을 쓸어내리느라 연신 차가운 맥주만 들이켜게 된다는 게 문제다. 음, 그러고 보니 맥주 판매를 늘리기 위한 마늘의 대량 투입? 사실이 아니겠지만 혹시 이 글을 읽고 있는 저동식 골뱅이집 사장님들, 마늘 좀 줄여주시길 간곡히 바랍니다.

제철 게살에
간장의
조합

감칠맛의 황제,
서산 게국지

도시내기들이야 게살만 발라 먹을 줄 알았지, 정작 맛있는 게 국은 내다 버린다고 노파는 말했다. 아마도, 첩첩산중이 아닌 바에는 충청도적 기질과 정서가 가장 독특하달 충남 해안가의 어느 허름한 식당에서였다. 일행은 지쳐 있었고—전라도 어디의 상갓집에서 만난 친구들이었다—대충 보배 소주에 갯내 나는 안주라도 배에 넣고 서울로 올라가자고 하던 길이었다. 누가 정보랄 것 없는 소문을 먼저 말했는지, 하여간 일행은 서산 땅에 가면 기막힌 술안주가 있다고 했다. 길눈이라고는 다들 어벙해서 태안반도의 그 꼬불꼬불한 길을 돌고 돌아 기어이 당도하기는 하였다. 그러나 그 식당이랄 게 실망하고도 남았다. 처마는 함석으로 대충 잇대여 있을 만큼 허름했다. 그 덕에 단골 술집에서 막걸리를 마시면서 양철 지붕에 장맛비 듣는 소리 경청하던 학창 시절이 생각난 건 그나마 다행이랄까. 그러나 안정기가 나간 20촉짜리 형광등 불빛이 끄덕끄덕하던 실내는 푸르딩딩하여 영 입맛 도는 식당의 정경은 아니었던 것이다. 허나 길은 지쳤고, 그야말로 보배 소주를 부어야 살 것 같은 시간이었기 때문에 누가 먼저랄 것 없이 가게로 일행은 들어섰다. 식당은 얼마나 오래되고 사람의 손길을 잃어버렸는지, 그 당시 이미 철 지난 섹스 심벌이었던 어떤 삼류 영화배우의 핀업 사진이 떡하니 걸려 있기까지 했다. 실없는 한 녀석이 "쟤가 애마부인 몇 편의 주인공이었더라?"고 하여 다들 실실 웃었다.

뿐만 아니라, 민정당 표시가 선명한 보자기며 등속이 가게 구석의 허름한 살림으로 처박혀 있었고 민정당 시절의 어떤 국회의원이 선물한 둥근 시계가 십 분쯤 틀린 시간을 가리키고 있었다. 바닥은 울퉁불퉁해서 소주라도 취하면 화장실 걸음에 자빠지기 딱 알맞아 보였다. 그런데, 그런데 말이다, 우리는 게국지를 먹었던 것이다.

노파는 그 생애만큼 차가운 개숫물에 손을 담가서 툭툭 터진 손등으로 게국지를 끓여냈다. 게장 간장이 불에 닿아 익는 냄새, 그건 잊고 있던, 어머니가 간장 달이는 냄새 같기도 하였고, 땅콩 캐러멜을 난로에 떨어뜨렸을 때 나는 냄새 같기도 하였다. 아니, 김치 삼겹살이 돌판에서 마구 타는 냄새 같았다. 그러면서 일행은 하나같이 부엌을 쳐다보았는데, 알 수 없는 엄청난 식욕

이 일어난 까닭이었다. 게국지가 익으면서 어둡고 푸른 식당 안이 일순 만장하는 식욕으로 벌떡 일어나는 것 같았다. 일제히 일행은 소줏잔을 털어넣었다. 반찬으로 나온 어리굴젓을 씹으며 게국지가 어서 나오기를, 바랄 뿐이었다.

게국지는 이 지역에서 나는 자그마한 게로 담근 게장의 부산물이다. 능쟁이라 부르는 흔해터진 갯가의 게로 이들은 게장을 담근다. 꽃게장은 푸짐하고 달지만 간장 맛을 더 중요시하는 이 동네에선 능쟁이 게장이라야 간장 맛이 속 밴다고들 한다. 그 게장에 묵은지를 넣고 끓여내는 게국지는 짭짤하고 입에 달았다. 프로 요리사들이 하는 말 중에 이런 게 있다. "요리를 겨룰 때 조미료로 간장을 쓰면 반칙이다." 간장의 감칠맛이 지상 최고임을 뜻하는 말이다.

게국지에 소주가 꿀떡꿀떡 넘어갔다. 여기저기서 어허! 하는 소리가 나왔고, 입천장이 벗겨지든지 말든지 다들 숟가락을 퍼넣었다. 해장으로 시작한 소주병이 열을 받아 여럿 쓰러지자, 노파는 사람 좋게 웃으며 얼굴에 주름을 잡았다. 그리고 말했다.

"시방 그리 마시믄 낼 굴국으로 속 푸셔야겠수."

김을 넣고 끓인 천하 해장 굴국 맛은 못 보고 대충 일어섰지만 능쟁이 게장의 그 야물딱진 맛이 아직도 혀에 아른거린다. 게만 건져먹고 간장을 버리면 소박맞는다, 뭐 이런 충청도 해안가의 토속 속담이라도 있어야 할 것 같은데, 찾아보는 수고는 못 했다. 그럴 만한 게 능쟁이 게딱지는 씹으면 고소하기는 하되, 살이 적으니 먹잘 게 없다. 차라리 게가 단물을 내준 간장 맛이 더 탁월하리라.

그 게국지집이 소설가 윤대녕의 단골집인 줄 그의 수필을 보고서 나중에 알았다. 그러나 그도 아마 발길을 돌리기 쉽지 않을 것 같다. 들리기로, 어느 방송에 나오는 바람에 관광버스가 들이닥치기 시작했다는 소식이었다.

서양에서는 게를 먹을 줄 안다고 할 수는 없을 것 같다. 게살은 살대로, 간장은 또 그윽하게 김치 넣고 게국지를 끓이거나 아예 김치 담그는 데 양념으로 쓰는 한국에 비하면 말이다. 이탈리아에서 요리를 배웠던 나는 게만 보면 약간의 트라우마가 있다. 워낙 게가 비싸서 살살 잘 다루어야 했기 때문이다. 한때 비싼 적도 있지만, 여전히 만만한 한국의 꽃게에 비하면 서양에서는 게가 금값이다. 그래서 게를 삶아 살을 살살 발라내어 파스타를 버무리거나 샐러드에 올려 내는 데 많이 쓴다. 올리브유에 게살을 볶아 향을 내고 내장과 껍질 삶은 물로 향을 더하면 멋진 파스타가 된다. 아니면, 토마토소스를 넣고 뭉근하게 끓여서 진한 맛을 내기도 한다.

이탈리아 요리사이니, 게는 파스타나 샐러드를 만들어야 제맛이라고 해야 할 듯한데, 서산의 게국지 맛을 보았다면 그 말을 내뱉을 수가 없다. 아니, 당신이 한국인이라면 언젠가 먹었던 맛있는 게장에 비할 다른 음식은 없는 것이 아닌가 생각하게 된다. 감칠맛을 뿜어내는 제철 게살에 역시 감칠맛의 황제 간장의 조합이라니! 이건 그야말로 '반칙'이 아닌가.

소리 없는
자부심이
북적이는

새벽
해장국집

남도 한정식

남도 여행을 할라치면, 나는 입에 맑은 침부터 고인다. 그 전조前兆는 여행을 떠나기 전부터 조바심을 불러온다. 미각의 향연이여, 어서 오라 하고 노래를 부르게 한다. 오직 먹기 위해 남도를 찾는 이들이 적지 않으니 결코 나의 이런 마음은 요란하달 것도 없을 듯하다. 남도 사람들의 다채로운 미식 생활을 도시 출신인 내가 다 어찌 헤아리겠느냐만, 간혹 그 말단을 깨우치기도 하였다. 이를테면 이런 것이다. 사실, 별 비밀도 아니지만 터미널 근처에서 밥을 먹는 일은 가장 한심한 선택이 분명하다. 언제 또 볼지 모를 뜨내기들에게 정성 어린 밥 한 끼를 내놓으리라고 기대하는 것 자체가 무리일 테니까. 나는 여행을 떠나는 친구들에게 이것을 주지시키곤 하는데, 남도는 예외라는 토를 단다. 당신이 정읍 시외버스 터미널에서 새벽 해장국을 한 그릇 먹어봤다면 내 말의 진실을 알게 되리라. 아무리 족보 없는 차부車部 근처

밥이라지만 그래도 사람 먹는 밥이 최소한 이 정도는 되어야 하는 것 아니야, 하는 소리 없는 자부심이 복작이는 터미널 국밥집에도 서려 있다고나 할까. 재개발되어 거대한 아파트촌이 들어선 광주 외곽에서도 그런 경험을 하는 것은 어렵지 않다. 그 삭막한 콘크리트 숲 한구석의 분식집에서도 예의 맛깔스런 젓갈 서너 가지와 밑반찬이 어김없이 깔리는 밥상을 보게 된다. 그래서 나는 종종 남도 사람들이 먹는 행위에 거는 그 다부진 욕망과 자존심이 어디까지일까 짐작해보는 것이다.

오래전 담양의 어느 오래된 한정식집에서도 그랬다. 한여름, 와이셔츠 깃을 밖으로 꺼내 입는 독특한 '새마을복장'의 공무원들이 득실거리던 그 집은 옥호도 잊었지만 남도 한정식의 한 전형을 보여주었다. 낡아서 귀퉁이가 갈라지고 몇 군데는 이미 껍질이 벗겨진 교자상이 만석꾼 생일상처럼 들어섰다. 나는 그때 남도의 찬은 교자상을 가득 채우고도 남아 '2단'으로 쟁여서 나온다는 것을 알게 됐다. 더 이상 찬을 깔 곳이 없어 나물이든 김치든 좀 만만한 찬그릇 위에는 또 다른 찬그릇이 겹쳐질 수밖에 없었던 것이다. '자, 어디 갈 데까지 가보실라우?' 하는 호기로운 밥상이 아닐 수 없었다. 왜 남도의 한상 차림 밥상은 네 명이 기본이어야 하는지도 분명하게 설명하는 밥상이었다. 한두 명을 위해 양을 달리 해서 그 많은 찬을 끓이고 무치고 찐다는 건 별로 효율적이지 않다는 뜻이다. 함께 나누고 덜어서 즐기는 우리식 밥상의 미학을 그 밥상이 잘 보여주고 있기도 했고.

남도의 한상 차림 밥상을 한정식으로 부르는 것이 맞느냐는 논란도 있다. 한정식이란 여러 가지 요리가 차례로 나오는, 그러니까 시간 전개형 밥상을 의미한다는 주장이다. 남도식으로 한상에 가득 차려 나오는 음식은 한정식으로 부를 수 없다는 주장이다. 그게 맞든 틀리든 나는 남도의 그 한상 차림 밥상에 주목한다. 아마도, 이 아름다운 공간의 배열이야말로 한식의 찬란한 창조성을 드러내는 매개라고 믿기 때문이다. 요리가 순서대로 하나씩 나오면 자리에 있는 모든 사람들은 똑같은 요리를 먹게 된다. 그러나 한상 차림은 먹는 이의 취향에 따라 각기 다른 요리를 먹게 된다. 김과 김치, 김치와 나물과 전, 잡채와 김치, 된장과 김치와 불고기, 회와 젓갈과 김치…… 끝도 없는 순열 조합이 각자의 입안에서 파노라마처럼 펼쳐진다. 그래서 한식은 '마리아주음식의 궁합을 의미하는 프랑스어. 특히 음식과 술의 궁합을 이름'가 없는 밥상이라고 할 만하다. 그 천변만화하는 맛의 스펙트럼에 딱 맞는 술을 어찌 고를 수 있겠는가. 한국에 온 서양 와인 전문가들이 어떻게든 와인을 팔아보려고 생선전에는 샤르도네가 잘 맞고 불고기에는 시라 품종이 잘 맞는다고 역설해봐야, 각자의 입안에서 전혀 이질적인 맛의 창조를 찾아내는 한국인과 한식의 개성을 모르니 말짱 헛소리에 불과하다. 더구나 수십 가지 반찬이 놓이는 남도의 한상 차림에서랴.

호남의 한식 기행은 수직적인 변화를 가진다. 저 남도의 끝이 더 자극적이고 원초적인 맛이라면 북쪽으로 올라갈수록 맛은 유순해지고 슴슴한 재료의 맛을 강조한다. 담양의 밥상에서는 그 온후하고 웅숭깊은 자연을 보여준다. 갯것과 들과 산의 물산이 고루 섞인 밥상은 천천히 당신의 혀를 어루만진다. 그 넉넉한 밥상을 받아 든 고가의 사랑채 바깥으로 바람이 건들 불어 대나무 잎새가 흔들리는 광경이라도 보인다면 더할 나위 없을 터.

바다는
그대로인데,

청어도
돌아왔는데

                    속초의
                    청어

이십여 년 전의 일이다. 그때 내게는 한 친구가 있었다. Y였다. 그는 얼굴이 맑고 하얘서 소주 한 잔을 마시면 투명한 실핏줄이 볼에 가득 찼다. 술잔을 잡은 손가락은 하얗다 못해 소주잔처럼 투명했다. 냉동 꽁치는 비렸다. 간장에 살점을 적셔 먹었다. 소주로 헹구지 않으면 썼다.

"청어가 먹고 싶어."

그 겨울은 청어가 흔했다. 청어라니. 반짝이는 비늘 갑옷을 입고 늘씬한 유선형의 몸매에 푸른빛 눈동자의 청어라니. Y가 입은 것은 청어의 등뼈를 닮은 헤링본 무늬의 코트였다. Y의 옷맵시는 생선 등뼈처럼 가늘고 곧았다. 마장동에서 진부를 넘어가는 마지막 버스를 탔다. 거진에서 생태찌개를 먹었다.

"청어 떼는 모두 남하했을까."

거진 앞바다에서 청어의 흔적을 찾을 수는 없었다. 부두에 매어둔 배들이 심상치 않은 밤바람에 쓸리며 우드득 삐걱, 관절 꺾는 소리를 냈다. 그 시절에는 아직 명태잡이 배들이 출어를 했다. 만선을 기원하는 부적 같은 깃발들이 배에서 나부꼈다. 갈매기 한 마리가 낮게 날아서 어둡고 먼 바다로 사라졌다.

이북 사투리를 쓰는 주인이 내어준 방에서는 군인의 양말 냄새가 났다. 버석거리는 이불을 덮고 누웠더니 코가 시렸다. 그 시절에는 윗목에 놓아둔 자리끼가 얼던 때였다. 청어가 사라지기 전이었다.

아침에 안주인은 뜨거운 물을 대야에 가득 부어주었고, 고양이 세수를 마친 우리가 7번 국도를 타고 속초 쪽으로 내려온 것은 다음 날 오전이었다.

속초 앞바다는 사납게, 파도를 백사장에 실어 날랐다. 간장 종지처럼 작고 위태로운 가자미잡이 배 두어 척이 멀리 수평선에서 자맥질하듯 시선에 잡혔다 사라졌다, 를 반복했다. Y의 볼은 더 붉어졌다. 바람이 Y의 따귀를 갈겼다.

"이젠 청어를 먹어야지."

바닷가 한쪽의 작은 포구에 을씨년스런 천막을 두른 막횟집 서넛이 영업을 하고 있었다. 잡어 서너 마리에 오징어를 섞어 횟감 한 채반을 만들어 팔았다. 횟감들이 들어 있는 함지박 한쪽에 비늘이 반짝이는 고기가 한 무더기 놓여 있었다.

"청어다!"

방파제 앞에 아낙이 화로를 놓아주었다. 화로를 받치고 있는 트라이포드 더미가 어깨로 바람을 받아내고 있어서 따스하고 아늑했다. 칼집을 내고 굵은 소금을 뿌려 청어를 구웠다. 기름이 치익, 칙 숯불 위에 떨어져 연기를 피워 올렸다. 청어 살은 부드럽고 달았다. 가늘고 탄력 있는 청어의 가시가 드러났다. Y의 헤링본 무늬 코트에 청어 연기가 뱄다. Y는 드라이클리닝을 하지 않았는지, 서울에서도 청어 냄새가 나는 것 같았다.

달콤한 무에 버무린 물가자미회도 좋지만, 그 겨울에는 단연 청어구이였다. 관광객들은 어디서나 볼 수 있는 뻔한 생선회를 먹고, 현지인들은 청어를 굽는 게 포구의 겨울 풍경이었다. 청어가 없으면 가자미도 굽고, 양미리도 구웠다. 숯불이 아니라면 번개탄이라도 피우고 기침을 하면서 나무젓가락질을 했다. 고개를 돌리면 멀리 눈을 인 설악이 보였다.

한동안 바람처럼 사라져버렸던 청어 떼가 강원도 앞바다에 돌아왔지만, 이제 그 포구에 청어 굽는 풍경은 없다. 번듯한 회 센터가 생기고, 관광객의 자가용이 줄을 잇는다. 고단한 아주머니들의 호객하는 손짓만 요란할 뿐, 청어의 맛은 없다. 어느 포구는 포장마차를 싹 걷어내고 무슨 현대식 건물을 얹었는데, 이게 기가 딱 막힌다. 건물의 멋까지는 아니어도 수수한 기운은 있어야 하는데, 오직 손님을 왕창 받아서 재빨리 회전하는 데 머리를 쓴 흔적만 남았다. 딱 사각형의 홀은 시장 통처럼 시끄럽고, 피

곤한 아르바이트생이 거칠게 주문을 받고 음식을 나른다. 풍류까지는 아니어도, 사람 사는 맛까지는 아니어도 우리가 바라는 소박한 서정까지 싹 지워버렸다. 나는 횟술을 마시듯, 소주병을 비워버리고 울분을 토할 데가 없어 바다만 바라보았다. 바다는 그대로인데, 청어도 돌아왔는데 정 따위는 없어져버린 그 바다가 무엇이랴. Y가 못내 섭섭해서 울상이 된 것이 그때였다.

청어가 돌아왔으나 그걸 먹으러 속초로 가지는 않는다. 어디 구울 데도 없을 것이다. 그래서 차라리 이 도시의 한구석에서 소시민적으로 청어를 먹는다. 얼마나 많이 잡히는지 요새 겨울에는 기십 마리가 들어 있는 한 상자가 만 원짜리 한 장이었다. 그걸 잡은 어부에게 미안한 값이었다. 어획이란 양식과 달라 예측을 못 하니 그리되었겠지만, 스무 해나 넘게 새침하게 사라져버리더니 이렇게 마구 쏟아질 건 또 뭐냐 싶다. 적당히 존재를 잊지 않도록 그렇게 잡혀주면 안 되는 것일까.

청어는 튀김도 맛있다. 가시가 연해서 와작와작 씹으면 고소하기 이를 데 없다. 회도 물론 좋다. 가시가 많아 손질이 어렵지만, 숙달된 요리사의 칼끝을 만나면 감칠맛과 혀에 닿는 촉감이 뛰어난 횟감이 된다. 일본에서는 대접받는 초밥거리이기도 하다. 칼집을 잘 내서 쪽파를 뿌려 초밥을 만들면 묘한 맛을 낸다. 누구는 청어 회에서 부싯돌 냄새가 난다고 하는데, 그렇다면 화이트와인에 아주 잘 어울릴 것이다. 기름지니 상쾌한 화이트와인과 궁합이 좋을 수밖에 없다. 회로도 맛있으나 나는 구우면 더 제격이라고 생각한다. 기름이 많은 생선이라 구우면 자글자글하게 기름이 배어 맛이 기막히다. 특히 알이라도 배면 그 고소한 알집 맛은 이루 형언할 수 없다. 서민의 캐비아라고 불러도 될 맛이다. 강원도의 세 가지 알 맛이 있다고 생각한다. 명태알, 가자미알, 청어알이다. 모두 기막힌 맛이지만, 나는 청어의 손을 든다. 어디 청어알젓이 있다는데, 워낙 귀한 것이라 맛을 보지 못했다. Y에게 물어봐야겠다.

Y의 서울살이는 곤란했으며, 배가 고팠다. 그는 술이 취하면 청어를 찾았다. 겨울 바닷가에서 아버지랑 구워 먹던 청어를 그리워했다. 아니면 한겨울 맛있는 김치를 찾았다. Y가 김치 얘기를 꺼내면, 아무도 김치에 젓가락을 대지 않았다. 그런 건, 김치가 아니었으니까.

"양양 사람들은 김치를 산에 묻어. 김치를 꺼내려면 아버지가 끄는 리어카를 타고 산에 가는 거야. 두어 해 이상 묵은 김치가 그 산에 있어. 산이 김치를 익혀. 여름을 여러 번 넘겨도 김치는 짱짱해. 코가 빨갛게 얼어서 꺼내온 김치를 썰어 먹는 거야. 한겨울에는 김치에 살얼음이 얼어서 엄마가 부엌칼을 대면 서걱서걱, 소리가 나. 아버진 김치도 나오기 전에 그 김치 써는 소리에 벌써 소주를 한 병 마셨을 테고."

청어가 살을 다 내어주고 가지런한 등뼈와 가시를 예쁘게 드러냈다. 술은 이미 얼큰했다. 선주후면이라고, 술을 마셨으면 국수를 먹는 게 순서였다. 국수는 중앙동이야. 그건 Y 아버지의 루트였을 것이다.

Y의 뒤를 따라 중앙동에 갔다. 낮은 지붕의 냉면집 왁자한 실내는 외국어처럼 알아들을 수 없는 사투리가 가득했다. 서울의 냉면집에서는 평안도 사투리, 속초에서는 함경도 사투리가 제격이었다. 찌그러진 양은 주전자에 담긴 육수가 구수했다. Y는 냉면이 나오자 소주 한 병을 시켰다. 고명을 안주 삼아 소주잔이 빨리도 뒤집어졌다. 그것 역시 그의 아버지의 습관이었을 것이다. 속초의 냉면 고명은 독특했다. 편육 대신 붉고 촉촉하며 감미로운 무엇이 얹어져 있었다. 홍어회도 아니고 가자미 맛도 아니었다. Y가 흐흐흐, 웃으며 말했다.

"명태회야. 명태에 소금을 쳐서 놓으면 이렇게 촉촉하고 꼬들꼬들한 맛이 된다네. 요즘은 동태를 쓰지만."

명태로 칼국수 국물을 내고, 냉면 고명도 얹는다. 여름 오징어와 겨울 명태 없이 속초의 맛을 설명할 방법이 없는 것이다.

오징어며 명태며 도시에서 만만한 재료가 되어버렸지만, 그래도 Y를 따라 다시 중앙동으로 속초 앞바다를 가보고 싶다. 함성호 시인의 시 〈대포항 방파제〉가 한 줄 떠오른다.

파도는 병신, 너는 병신, 하며

대포항 방파제를 돌아서 나가고 있다

어차피 내 청춘의 실패는 이십세기와 같이 가 버렸다

하와이
사람들이

낙지를
부드럽게 만드는
기술

산낙지의 인생

목포는 항구다. 그래서 산물이 모인다. 일제 때 특히 크게 성했다. 목포 앞바다는 산물이 드나들기 좋을지언정, 정작 물질하기에 맞춤한 곳은 아니었던 모양이다. 홍어도 목포산이 유명하지만, 알다시피 흑산도와 영산강, 나주로 이어지는 길목에 목포가 있었던 것이다. 나주 갈 홍어라도 목포에서 제 살을 내어주지 않을 수 없었다. 듬직하고 단단한 목포는 그렇게 맛을 일구었다. 목포의 맛으로 알려진 것들의 대부분은 인근 신안과 무안에서 온다. 철이 막 지난 민어도 신안에서 잡아 목포의 이름으로 유명해졌다. 신안 임자도라고 누가 알랴. 목포는 눈물이 아니라 그 대표성으로 인근 지역을 대신해주었던 거다. 낙지도 그렇다. 인근의 무안이 바로 세발낙지의 고향이라고들 한다. 세발낙지가 다리가 가늘다고 해서 세細발이 된 건 아실 것이다. 그러나 한국에서 팔리는 세발낙지는 거개 가짜다. 어린 낙지를 세발낙지로 포장해서 판다. 어려서 다리가 가는 것과 어찌 같을 것이냐. 무안에도 세발낙지가 드물다. 그러나 맛있는 낙지는 풍부하다. 말도 안 되는 싼값에 세발낙지를 먹었다고 좋아하는 어수룩한 이는 되지 말자.

원래 봄 주꾸미, 가을 낙지라고 한다. 따지고 보면 낙지가 섭섭하다. 요새 미디어에서 하도 주꾸미 축제니 뭐니 떠들어서 그렇지 두 물상이 서로 비교될 수준은 아니다. 낙지가 훨씬 윗길인 것이다. 가을 낙지가 확실히 맛은 좋다. 그러나 봄 낙지도 맛있다. 대가리를 콱 깨물면 밥알 같은 알이 가득찼다. 응? 그건 주꾸미 얘기 아니었어? 천만의 말씀이다. 낙지라고 머리(실은 몸통이다) 말고 어디에 알을 품으랴. 게다가 비슷한 두 녀석들 아닌가.

낙지 하면 산낙지를 떠올리게 된다. 〈올드보이〉 덕에 한국 하면 산낙지를 생각하는 외국인도 꽤 있겠다. 뭐든 좋다. 그런데 무안 같은 곳에 가서 섣불리 산낙지 찾지 말라. 외지인 티가 나서 웃는다. 여기선 산낙지라고 하는 건 그냥 통째로 나오는 낙지가 바로 산낙지다. 칼로 자르지 않고 낙지가 음흉하게 접시 위에 도사리고 나온다. 자, 어찌 해보슈, 뭐 이러는 것 같다. 엄두가 안 나는, 지구상에서 가장 손을 안 대는 요리다. 그러니까 자연이 요리사인 요리다. 잡아서 그냥 낸다. 그걸 현지인들은 젓가락에 둘둘 말아—젓가락은 나중에 또 나온다—홀랑 넣고 씹는다. 지금도 간혹 신문 '휴지통' 같은 데 나오는 낙지를 산 채로 먹다가 노인네가 어찌 됐네 하는 기사는 바로 이런 취식법 때문이다. 꼭꼭 씹어 먹으면 별일 없겠는데, 이놈의 낙지가 목구멍으로 기어들면 사고가 나는 거다. 다리가 요동을 치든 말든 대가리를 콱 깨물어야 한다. 그래야 힘을 잃는다. 《행복한 세계 술맛 기행》을 쓴 일본인 미식가 니시카와 오사무 선생이 한국에서 산낙지 먹은 얘기를 그 책에 올렸다. 웃음이 슬며시 나온다. 그는 어느 거리 포장마차에서 이걸 처음 먹게 된다.

"젓가락으로 집었더니 접시에서 떨어지지 않는다. (중략) 빨판이 즉시 뺨 안쪽에 달라붙는다. 이가 닿을 수 있도록 뺨을 일그러뜨려 힘주어 씹는다. (중략) 씹을 때의 촉감은 말로 표현하기 어려울 정도로 경쾌하다. 접시 위에서는 짧게 토막이 난 낙지의 다리가 한 마리 긴 애벌레처럼 여전히 꿈틀거린다. 블랙유머 같은 느낌이 든다. 가나자와金澤에서는 그릇 안에서 헤엄치고 있는 투명한 빙어를 산 채로 먹어본 적이 있지만 그보다 몇 배는 더 유머를 느끼게 하는 음식이다."

블랙유머라. 그는 정곡을 찔렀다. 죽어도 다리에 남아 있는 신경의 꿈틀거림으로 생존을 항변하는 '죽은 낙지'의 블랙 유머다. 쿠엔틴 타란티노는 다음 작품에서 이걸 써먹어야 한다. 이렇게 통렬할 데가.

산낙지 말고, 니시카와 선생이 먹은 것 같은 산낙지는 산지에선 '탕탕'이라고 불러야 한다. 그러면 대접받는다. 어, 이 양반들, 좀 먹네. 낙지의 등급이 달라질지도 모른다. 탕탕이란, 다리를 자르기 위해 나무 도마 위에서 크게 탕! 탕! 내려쳐야 한다는 데서 유래했다. 산낙지 다리를 잘라본 사람만이 안다. 이건, 저미는 게 아니라 그야말로 탕탕탕 내려쳐야 깔끔하게 잘린다. 기요틴guillotine, 단두대를 뜻하는 프랑스어처럼 순식간에 잘라야 한다. 그 의성어의 절묘한 묘미가 음식 이름이라니. 시인들이여, 한 수 배워라. 민중은 그래서 그 삶이 시다. 물리적 명명의 민중적 위대함이라니!

낙지 호롱이라는 것도 있다. 낙지 한 마리를 나무젓가락에 감아 굽는 거다. 매운 양념을 발라 연탄불이나 숯불에 구워야 제격이다. 맵고 구수하다. 이걸 하나씩 잡고 뜯으면, 다같이 친구가 된다. 어설픈 교양 따위는 호롱구이 앞에 무색해진다. 자, 한 손에는 소줏잔을! 물론 양념해서 불판 위에서 벌겋게 굽거나 낙지볶음도 좋다. 아아, 낙지 먹고 싶다.

흔히 전라도 쪽에서는 낙지를 먹고 아픈 소가 벌떡 일어난다고 한다. 일종의 신비체험이다. 이게 단순히 들리는 말이 아니라는 건, 어떻게 소에게 먹여야 하느냐 하는 그럴싸한 사설이 뒤따르는 걸 보면 안다. 소는 초식성이니 낙지를 안 먹는다. 게다가 산낙지는 더욱. 그럴 때 방법이 있다고 한다. 호박잎에 낙지를 싸서 먹이는 거다. 순하고 어진 눈망울의 소가 호박잎을 받아먹는 장면이 눈에 선하다. 아마, 소도 알 것이다. 속에 낙지 든 것

안당께. 주인의 정성이 갸륵해 모른 척 받아 넘기는 거다.

지중해 쪽에서는 낙지(문어)를 부드럽게 만드는 여러 가지 비결을 갖고 있다. 그중의 하나가 통째로 낙지나 문어를 잡고 시멘트 바닥에 내려치는 것이다. 한국에서도 양깃머리를 부드럽게 하려고 그렇게들 한다. 잔인하다고? 산낙지는 동서양에서 모두 그렇게 대접받으니. 한쪽에서는 내려치고, 한쪽에서는 산 채로 탕탕, 자르고.

하루키의 《하루키 일상의 여백》을 보면 하와이 사람들이 낙지를 부드럽게 하는 기술이 나온다. 좀 엽기다. 옮겨본다.

"집에 갖고 가서 일단 세탁기에 집어넣어 세탁해버린다. 그리스에서는 잡은 낙지를 콘크리트 바닥에 내동댕이쳐 부드럽게 만들지만 미국의 낙지잡이는 그런 야만스런 짓은 하지 않는다. 시어즈 전자동 세탁기의 헹굼이나 탈수 스위치를 눌러 덜그럭덜그럭 하고 나서 그것으로 끝난다. 보고 있노라면 낙지가 되고 싶은 마음은 추호도 들지 않는다. 생각해보라. 기분좋게 잠을 자고 있다가 끌려 나와 아니 이런, 하고 생각하고 있을 동안에 '탈수'당하면 정말 견딜 수 없는 일이다. 정말 그런 식으로는 죽고 싶지 않다."

하루키 특유의 농담에 웃음이 슬그머니 배어 나온다.

아작,
깨무니

까칠한
가시가
무너진다

　　　　　　술을 부르는 안주,
　　　　　　멸치

3, 4월의 대변항에 가면 이런 소리가 들려온다.

"어이~여차~에야차! 어이~여차~에야차!"

이른바 '멸치 터는 소리'다. 나는 한때 이런 민중 소리에 파묻혀 지낸 적이 있다. 모심는 소리, 회다지 소리, 벼 타작하는 소리……. 서울에서 자란 주제에 이런 소리를 알 리 없다. 이유인즉, 대학 시절 한 기획사의 아르바이트를 통해서였다. 문화부에서 이런 민중제의와 놀이문화를 집대성하는 사전을 펴내는데, 집필자로 동원됐다. 현지에 가서 그 소리를 듣고 채록한 후 옮겨야 마땅한 일이지만, 나 같은 얼치기 문학 지망생을 싼 값에 동원해서 문헌을 보고 베껴냈다. 그때 만든 이른바 민중문화대사전이 지금도 주요 도서관에 다 있을 것이다.

멸치 터는 민요를 채록한 걸 옮겨 적었던 글이 영 꺼림칙하던 차에 십수 해 전에 기장 대변항에서 직접 볼 수 있었다. 그러니 그 소리를 써도 이젠 덜 양심에 찔린다. 내가 그 당시에 문헌에서 베낀, 멸치 터는 소리는 제주도 어부들의 소리였다. 사진 한 장이 같이 실려 있었는데, 제주도 특유의 갈옷을 입은 어부들이 멸치 그물을 움직이는 연출 사진이었다. 대변항에서 본 건 그야말로 실제 전투 같은 장면으로 스타일이 달랐다. 어부들은 담배 한 대 태울 시간도 없이 얼굴에 피 칠갑, 비늘 칠갑을 하면서 멸치를 털었다.

멸치를 '턴다'는 건 그물에 걸린 멸치가 일일이 떼어낼 수 없기 때문에 그물을 흔들어 터는 까닭이다. 이게 보통 중노동이 아닌 듯싶다. 최근에 대변항에 다녀온 후배 말에 의하면 태반이 외국인 노동자라고 한다. 일이 고되고 수입이 적으니 내국인이 멀리하는 전형적인 3D 업종이 된 것이다. 얼마 전에도 멸치를 보러 대변항에 갔지만, 마침 시기가 일러 들어오는 배는 못 보고 잡아놓은 멸치만 보고 왔다.

한 가지 팁인데, 멸치도 좋지만 기장 대변항의 미역은 최고다. 1만 원짜리를 사가지고 와서 끓였더니 쇠고기 한 점 넣지 않았는데 국물이 진하고 뽀얗다. 여기다가 인근의 월전이란 마을에 가서 붕장어 숯불구이를 먹어보시라. 1킬로그램에 불과 2만 4천 원. 서울의 도매 수산시장에서 그냥 붕장어만 사는 도매가격과 같다. 놀랍게 싼 것이다. 이쪽 지역에서는 장어를 별로 안 쳐준다. 장어라고 하면 붕장어를 이른다. 붕장어를 회로 먹으면 이 동네에선 바보라고 생각한다. 구이와 탕으로 한 번만이라도 먹어보면 이유를 알게 된다.

대변항에서는 싱싱한 멸치를 맛볼 수 있다. 노점에서는 한 채반 그득히 담아주고 1만 원이다. 즉석에서 구워서 파는데, 양이 많다. 멸치찌개와 회무침도 일품이다. 다만 멸치 축제를 하는 4월의 특정 기간에는 멸치가 비싸고 사람이 너무 몰려 흥이고 뭐고 난리 통 같으니 참고하실 것.

대변항의 멸치가 얼마나 싱싱한지 나도 놀랐다. 서울의 수산시장에서 장을 보는 나는 멸치의 아가미가 원래 불그죽죽한 줄 알았다. 그런데 산지에 가니 그런 부분이 없다. 서울로 올라오며 그새 산패가 시작된 것이다. 멸치는 꽁치나 고등어보다 더 성질이 급한 등 푸른 생선이다. 오직 산지에서만 가장 싱싱한 놈을 만날 가능성이 높다. 그래서인지 없는 게 없는 서울에서도 멸치회나 무침, 찌개 하는 집을 별로 들어보지 못했다.

그래도 새벽 수산시장에선 먹을 만한 놈을 건질 수 있다. 횟감도 된다. 그걸 손질하는 일이 고단할 뿐, 맛은 기막히다. 우선 머리를 뗀다. 비늘을 대충 털어내고 배를 가른 후 내장과 등뼈를 빼낸다. 미나리와 오이, 양파, 풋고추와 초고추장을 넣고 버무린다. 통깨를 솔솔 뿌려도 좋다. 소주가 술술 넘어가고, 연신 술병이 쓰러진다. 정말 술을 부르는 안주다.

멸치 손질이라면 나는 이골이 난 사람이다. 시칠리아에 있을 때 어지간히 잡았다. 시칠리아 같은 지중해는 멸치의 천국이다. 부자부터 거지까지, 마피아와 검찰이 모두 멸치를 먹는다. 우리가 좋아하는 앤초비는 물론이고 튀김으로도 즐긴다. 깡통이 아닌 싱싱한 앤초비는 드셔보지 못했을 것이다. 비늘이 파릇파릇 투명한 놈을 식당 사장이 몇 박스고 사들인다. 요리사들이 그걸 다 손질해야 한다. 너무 예뻐 차마 잡을 마음이 안 생긴다. 그러다가 손질이 시작되면 너무도 밉다. 끝도 없는 일이기 때문이다. 앞서 멸치 손질하는 법과 같다. 지중해 멸치든 대변항 멸치든 같은 것이다. 아마 인간보다 차이가 적을 것이다. 멸치의 언어에는 통역이 필요 없을 것 같아서다.

손질하다 보면 지문에 멸치 비린내가 단단히 밴다. 손톱 안에 가시가 박혀 곪기도 한다. 지긋지긋한 일이다. 그렇게 손질한 멸치는 민물에 깨끗이 씻어서 말린 후 소금을 왕창 치고 올리브유에 담근다. 낼 때는 파슬리를 신선하게 다져 얹고 레몬즙을 쭉 짜서 마무리한다. 입에서 살살 녹는다. 시칠리아산 샤르도네 한 잔과 궁합이 좋다.

멸치는 이처럼 오일에 절여 내는 것보다 튀김이 흔하다. 한국에선 드물지만, 시칠리아의 대표 요리라고 불러도 좋다. 배를 가른 후 카펫처럼 펼친다. 그걸 빵가루를 묻힌 후 기름에 튀겨낸다. 주 요리를 먹기 전, 남녀노소 다 좋아하는 전채 요리가 된다. 고소하고 진하다. 멸치 특유의 아미노산이 부르는 감칠맛이 입안에서 폭발한다. 감칠맛을 더하는 튀기는 요리법을 썼으니 이게 어떤 맛인지 상상이 안 갈 것이다. 막걸리나 소주 안주로도 그만일 것 같다. 한국에 멸치가 나오는 철은 마침 곰피나 물미역이 시장에 있을 때다. 생마늘과 쪽파, 물미역을 싸서 회로 먹으면 색다른 방법이 될 것이다. 음, 과메기 먹는 법에서 아이디어를 얻었다. 한번 시도해보실 것. 눈을 감으니, 막 떠놓은 멸치 필레가 혀 안에서 미끈거리면서 요동을 친다. 살아 있는 것 같다. 아작, 깨무니 까칠한 작은 가시가 무너지며 쫀득한 살이 자근자근 씹힌다. 아아, 봄맛이 절정이구나.

멍게
꼭지 좀

씹어본 사람은
알겠지만

봄을 알리는
멍게 향

멍게에 관한 오랜 기억은 두 개의 상자로 기억된다. 하나는 나무로 만든 낡은 사과 궤짝이고, 다른 하나는 스티로폼 상자다.

내가 살던 서울 변두리 동네에는 제법 큰 재래시장이 있었다. 이젠 주변에 들어선 대형 마트 때문에 두 집 건너 하나씩 빈 가게가 되었지만, 그 옛날엔 꽤 장한 모습을 가진 멋진 시장이었다. 심지어 인삼을 파는 가게도 두엇 있었고, 생선전에는 서울 사람들이 먹는 뻔한 자반이나 오징어 말고도 싱싱한 어물이 얼음 위에 누워 있곤 했다. 가게 꼴을 갖추지 못한 좌판 비슷한 가게들도 많았다. 야차 같은 경비원들이 들이닥치면 들고 튀기 좋게 이불보 위에 물건을 늘어놓은 좌판부터 경비원들도 어찌지 못하는 낼모레 팔십 클럽의 할머니 좌판들이 주로 불법을 이루었다. 이런 좌판 근처, 시장에 속하지 않는 공용 부지―그러니까 그냥 공터라고 부르는 나라 땅―에는 몇몇 요란한 좌판이나 장사치가 들락거렸다. 그중 최고의 인기는 원숭이나 차력사를 고용한 요상한 약장수였고—애들은 가라—그다음으로는 즉석 안주를 파는 좌판이었다. 예비군 훈련을 가도 들병이처럼 담요와 약주병을 든 아낙들이 있기 마련인 시절이라, 기동력 막강한 좌판형 술집이 시장 통에 없을 리 없었다. 시장 통에는 늘 직업이 분명치 않은—다수는 시장에 아내를 내몰고 딱히 하릴없이 주머니에 손 꽂고 빈둥거리는—남자들이 많았다. 그들이 약장수에게서 회충약도 사고 남성 불끈 약도 사 쓰곤 했다. 그들은 좌판에 앉아 술을 마셨는데, 그 좌판의 재질이 대개는 신속 이동이 가능하고, 버리고 가도 전혀 아깝지 않은 사과 궤짝이었다. 안주는 온갖 것들이 계절마다 올라왔는데, 가장 인기가 많은 것은 멍게와 해삼이었다. 왜 멍게와 해삼은 세트로 묶이는지 이유를 모르겠지만—지금도 수산시장의 도매상들조차 이걸 세트로 판다—꼭 그렇게 좌판에 올랐다. 대개는 비닐주머니에 빵빵하게 바닷물과 함께 포장된 것인데, 그걸 좌판의 아주머니가 뜯으면 남정네들이 꼭 한소리 했다.

"엥? 비니루를 뜯어노니까 해삼 멍게가 진짜 작아졌네. 뭐야, 늙은이 X도 아니고 개봉하믄 쪼그라들어?"

비닐 주머니가 일종의 돋보기 역할을 해서 봉지 안의 안주가 훨씬 커 보이게 마련이었다.

그래도 비린 것이 늘 모자란 서울 변두리 시장 통 사내들은 멍게와 해삼에 기갈이 들려 열심히 먹고 소주를 부었다. 나로 말할 것 같으면 초등학교 시절부터 못 먹는 게 없었던, 변두리 출신다운 식성이 있어서 어른 안주라고 마다하지 않았다. 멍게는 수염을 자르면 속에 든 체액이 왈칵 쏟아져 나오면서 기막힌 향을 낸다. 그 휘발성 향은 술꾼들의 코를 자극해서 하염없이 소주를 마시게 만든다. 좌판의 주인아주머니들은 멍게 껍질을 솜씨 있게 벗겼다. 수염을 자른 후 칼날로 몸통의 밑둥을 슬쩍 따서 마치 사과껍질을 벗기듯 돌돌 벗겨냈다. 초짜들이 하면 꼭 멍게가 행패를 부리게 마련인데, 저 죽는데 가만히 있는 게 또 이상한 일이었다. 행패라고 해봐야 물총처럼 체액을 사람한테 냅다 쏘는 거였다. 멍게가 발이 있나 손이 있나, 하다못해 꽉 물 수 있는 이빨이 있나. 물총이라도 쏘는 건 장렬한 반항이었다. 친구인 해삼은 아무 반항도 못 하고 그냥 토막이 나는 데 비하면, 결기 있는 건 멍게인 셈이다.

껍질 벗긴 멍게는 대충 썰어서 초장과 함께 먹었다. 멍게 '입'이라고 부르는 빨갛고 우둘투둘한 머리꼭지 부분은 따로 썰어서 멍게와 함께 냈다. 우리 같은 애들이 좌판 주위에 어슬렁거리면 어른들은 이 꼭지를 주면서 입을 막았다. 지금 생각해보면 참 야박한 어른들이다. 멍게 꼭지 좀 씹어본 사람들은 알겠지만, 이게 씹어도 씹어도 멍겟살 한 점 제대로 넘어오는 게 없다. 살로는 부족한 안주발을 아무 건더기 없는 꼭지로 메워보겠다는 눈물겨운 생각에 간택된 부위일 뿐 아니던가.

오래전, 통영 여행을 할 때 멍게 구경을 실컷 했다. 지금은 세상에 없는 S형의 취재 보조로 따라나섰던 일이었다. 날은 따스해서 바다에 군불이라도 지핀 양 가물가물 물안개가 피어올랐고, 그야말로 술 욕심이 도도한 늦은 봄이었다. 이른 멍게였는데도 찾는 사람들이 많았는지 양식장에서는 줄줄이 멍게를 올리고 있었다. 담벼락에서 해바라기하는 겨울 소년의 뺨 색깔을 닮은 멍게가 기다란 밧줄에 하염없이 매달려 있었다. 통영 앞의 어느 바다는 그렇게 멍게로 바닷속을 새빨갛게 채우고 있다가 늦봄에 맛이 들기 시작했다. 통영 출신의 친구는 먹을 게 별난 지역 출신답게 계절을 음식으로 구별했다. 그가 '쑥국'이라고 하면 봄도다리쑥국이요, '복어' 하면 여름 복국이었다.

"봄에 멍게 향이 코에 살살 느껴져. 아, 이제 멍게가 나오겠구나, 하는 거지."

어느 오월이었다. 그가 시장에 들러 멍게를 한 상자 사왔다. 스티로폼 상자 가득 멍게가 들어 있었다. 알도 제법 굵었고, 만져보니 껍질이 탄탄했다. 비록 그 시절의 사과 궤짝 좌판 아주머니의 솜씨는 아니지만, 사과처럼 살살 돌려서 껍질을 벗겼다. 잘 익은 홍시 같은 속살을 저며서 입에 그대로 넣었다. 그때 좌판에 열병하듯 늘어서 있던 붉은 상표의 소주가 생각났다.

아릿한
맛 뒤에

천천히
개펄의 뒷맛이
퍼진다

꼬막

소설 《태백산맥》에서 염상구가 외서댁과 관계를 맺고 나서 내뱉는다.

"흐흐흐, 내 눈이 보배는 보배여. 보기 존 떡이 묵기도 좋드라고, 외서댁을 딱 보자말자 가심이 찌르르허드란 말이여. 고 생각이 영축읎이 들어맞어 뿌렀는디, 쫄깃쫄깃한 것이 꼭 겨울 꼬막 맛이시."

외설도 이쯤 되면, 우리 말본새의 한 전통을 이룰 것 같다. 어쨌든 염상구가 극찬(?)한 겨울 꼬막의 맛이 기막히긴 기막히다.

친구가 차를 몰아 여수와 순천을 돌아 당도한 곳은 벌교였다. 자그마한 읍내의 한길 가에 요란한 현수막이 내걸렸는데, "〈1박 2일〉 소개" "케이비에스, 엠비씨에 나온 집" 따위의 선전 문구가 가득했다. 바야흐로 겨울 꼬막의 계절이었다. 친구는 담배를 빼어 물곤 혼자 중얼거렸다.

"꼬막은 여자들이 몸으로 밀고 가서 캐는 조개지. 그게 예삿일이 아니고. 그래서 꼬막을 보면 나는 슬퍼져. 벌교 사람들의 몸과 살은 벌교 여자들 수고인 셈이지."

꼬막은 저 너른 '뻘'에 여자들이 널빤지를 타고 진정 몸으로 밀면서 캔다. 그 고단한 수고와 노동을 보면 정말 친구처럼 숙연해질 것이다.

조개는 대개 봄에 맛이 든다. 산란을 앞두고 한껏 먹어둔 영양이 차곡차곡 살 속에 쌓인다. 씹으면 진하고 고소한, 유식한 말로 아미노산이 가득한 감칠맛이 우러나온다. 서해안이면 바지락, 동해안이면 비단조개로 국을 끓이면 진득한 감칠맛이 국물에 배어 나와 혀가 아리기까지 하다. 그게 봄 조개의 맛이다. 마늘 한 쪽, 파 한 줌 넣을 필요 없이 조개 몇 개로 한 그릇의 국 맛을 완성한다.

그런데 특이하게도 꼬막은 겨울에 제맛이 올라온다. 꼬막 말고는 홍합 정도가 겨울에 맛있는 조개일 것이다. 2월에 이르게 새조개가 시중에 풀리지만 야들야들하고 진한 맛은 아직 품어내지 않는다. 그러니까 겨울 조개의 왕은 꼬막인 셈이다.

꼬막은 서해안에도 있지만, 벌교와 순천 등의 남서 해안가 것을 최고로 친다. 갯벌이 잘 발달하여 먹이가 풍부하고, 유기물이 꼬막 속에 충분히 배어들어 맛이 좋다. 특히 벌교 일대의 참꼬막은 일품이다. 서울에서는 대개 골이 가늘게 배열된 새꼬막이 풀리고, 전라남도 일대나 가야 참꼬막을 많이 볼 수 있다. 골이 울퉁불퉁, 깊고 옹골찬 조선 기왓장 꼴이다. 마치 먼 길 떠나는 스님이 쓴 주름 진 삿갓 같기도 하다. 보기에도 일품이고 맛도 있어 보인다.

꼬막의 맛은 뭐랄까, 바다의 맛이라는 진부한 표현을 벗어나는 무엇이 있다. 잘 삶은 꼬막은 살이 터질 듯이 팽팽한데, 도도한 살집 밖으로 한껏 부푼 막 같은 것이 하나 더 있다. 이 막 속에 짜고 고소하며 감칠맛 도는 '액체'가 들어 있다. 바닷물과는 사뭇 다르고, 그렇다고 미더덕이나 멍게 속의 체액 같지도 않은 어떤 것이다. 그 액체는 약간의 비린 맛이 있어서 혀를 휙 감고 돈다. 아릿한 맛 뒤에 천천히 저 개펄의 뒷맛을 전해준다.

친구가 고른 집은 연예인의 얼굴 사진도, 하다못해 '방송에 전혀 안 나온 집'이라는 장난스러운 글귀조차도 없이 먼지 이는 길가 구석에 소복하게 엎어져 있는 낮은 지붕이었다. 고개를 숙이고 미닫이문을 열고 들어서는 우리는 자못 70년대 풍으로 돌아가는 기운이었던 것이다. 드르륵 끼익, 미닫이가 늘 그렇듯이 한 번쯤 레일 위에서 비틀거렸고 그 소리가 스웨터를 입은 아주머니를 일으켰다. 그녀는 뜨끈한 방에 앉아 하염없이 무얼 까고 있었다. 무엇이겠는가, 꼬막이지. 숟가락을 맵시 있게 쥐어 들고 커다란 왕꼬막의 뒤꼭지를 열어 연신 꼬막을 열었다. 뚝뚝, 핏물 같은 꼬막 속즙이 흘렀다. 워메, 이게 꼬막보다 몸에 더 존 것이여.

아주머니가 속즙을 마시라는 시늉을 하고 웃었다.

평생 꼬막을 캤고, 이젠 허리가 굽어 식당에 앉아 꼬막을 깐다. 그리고 우리 같은 외지인에게 이른바 '꼬막정식'을 팔아 생계를 한다. 〈1박 2일〉이 그녀의 삶을 좀 윤택하게 해준 것일까.

"읎어. 뭔 경기. 다 깍쟁이들이라 그냥 머."

흐흐, 그녀가 웃었다. 그럴 것이다. 텔레비전이 몰아주는 반짝 인기는 그야말로 '1박 2일'이기 십상이다. 전파처럼, 흘러가면 그만인 것이다.

꼬막은 캘 때는 고되고, 삶을 때는 신경을 좀 써야 한다. 꼬막 잘 삶으면 시집도 예쁘게 간다고 한다. 뭔가 비결이 있을 것이다.

그녀는 끓는 물에 찬물 한 바가지를 넣고 꼬막을 우르르 넣었다. 밤톨만 한 꼬막들이 수북하게 솥에 들어앉는다. 그리고 불을 천천히 올리고 꼬막을 주걱으로 저었다. 반드시 한쪽 방향으로만 젓는다. 그래야 꼬막이 잘 까진단다. 침침한 먹물 같은 꼬막의 체액이 흘러나와 물색이 탁해진다. 다시 물이 끓기 전에 불을 끈다. 꼬막이 입을 벌리지 않았는데.

"입 벌리믄 꼬막은 이미 찔겨부러. 못 묵어."

꼬막은, 읍내에서 만난 벌교 사람들처럼 입이 무거운 모양이다. 묵묵하게 다문 입속에 살이 알맞게, 촉촉하게 익었으니. 삶은 꼬막은 상온에서 살짝 식혀서 그대로 까서 먹는다. '정식'에는 꼬막으로 전도 부치고 무침도 하지만, 그냥 '숙회'가 가장 맛있다. 쩟내 나는 묘한 향과 탱탱하다 못해 터질 것 같은 꼬막 살이면 그만이지 무슨 요리를 하겠는가. 꼬막 살 구석구석을 씹으니 '뻘'의 질감이 다가온다. 갯바람 속에서 그 꼬막을 캐는 아낙들의 모습이 보인다.

바지락과
탁한 국수 국물의

절대적
상승작용

수수한
바지락 칼국수

주말에 소래 포구에 가면 인파로 인산인해를 이룬다. 왕년의 명동처럼, 사람에 떠밀려 시장을 한 바퀴 돌게 된다. 어떤 친구는 혀를 차면서 "수학여행 가서 석굴암을 그렇게 보고 난 뒤 사람에 밀려서 무빙워크를 걷는 신세가 되는 건 처음일세"라고 했다. 날이 풀리면 변변한 좌판 평상도 얻지 못해 축대 가에 비닐을 깔고 앉아 회를 몇 점 먹는 사람들도 부지기수다. 그나마 썰물이 아니면 멀리서 고깃배들이 간혹 깃발을 펄럭이며 입항하는 게 구경거리다. 친구에게 "소래 가서 사람에 치여 구경도 어렵더라"고 했더니 정색을 하며 이렇게 말했다.

"소래에 가면 아무개 칼국숫집에 가보지그래. 특히 봄이면 말이지."

객들이 몰리는 시장의 주 통로를 벗어난 곳에 그 칼국숫집이 있었다. 대충 합판으로 엮어놓은 대문이, 이 방면에 일가견이 있는 동행인의 입맛을 돋웠다.

"자고로 문짝이 이렇게 엉성한 집일수록 맛 하나는 확실한 경우가 많아. 사람도, 식당도 허우대로 볼 일이 아니야."

술집이 아닌데도 둥그런 스테인리스 드럼통에서 국수를 먹는 것도 신기했다. 이른 점심에 주문을 넣자, 우리는 참을 수 없는 식욕에 모두 침을 흘려야 했다. 국수가 나오기도 전에, 허름한 부엌—이랄 수도 없는 간이 요리대—에서 풍기는 냄새가 맛을 미리 보여주고 있었기 때문이었다. 나른한 봄에 바닷가에서 바람은 불어오고, 우리들은 구미를 온통 끄집어내고야 마는 조개 삶는 냄새에 취해버린 것이었다. 지상의 모든 것들은 출산과 산란을 앞두면 살을 찌운다. 좋은 것을 먹어 자식에게 자양을 주려는 어미의 본능이다. 수컷 역시 자식을 위해 몸에 영양을 가득 갖게 된다. 봄의 조개가 최고의 맛을 몸 안에 들이는 이유다.

아아, 그러나 한겨울에는 소래 아니라 서해안 어디 할애비라도 맛있는 바지락 칼국수가 맛이 별로 없다. 겨울은 바지락이 진흙 속에 파묻혀 잠을 자는 시기이고, 이때는 먹이 활동이 적어 살에 맛이 적다. 그러니 "에이, 바지락 칼국수가 뭐 이래" 하지 말아야 한다. 달이 지구를 돌듯, 썰물과 밀물이 들듯 바지락의 맛도 그렇게 자연의 일부여서 아무 때나 속을 보여주는 것이 아니기 때문이다. 겨울 민어나 멍게를 먹고, 그 맛이 없다고 타박하는 것과 무엇이 다른가. 사람이 공들여 기르므로 철이 없어 보이는 쇠고기나 돼지고기조차 철이 있어 맛이 달라지는데, 오직 바다에 맡기는 조개에 있어서랴.

그 소래 포구의 칼국숫집은 바지락의 맛을 최대로 이끌어내는 기술을 가졌다. 바지락 살은 연해서 설핏 잘못 삶으면 제맛을 다 버린다. 다른 고명이라고는 호박과 당근밖에 없다. 바지락 맛으로 그냥 승부를 건다. 바지락 하나만큼은 제대로 삶을 줄 아는 집인 것이다. 바지락이 열기를 만나 막 입을 벌리고 제 속의 국물을 토해내면 8할이 익었다. 연이어 속살이 촉촉하게 부풀어오르면 젓가락을 들어도 된다는 신호다. 나는 경상도 내륙 출신의 부모를 두고 서울에서 자라 바지락 칼국수 맛을 몰랐다. 어른이 되어 회사 생활을 하면서 그 맛을 알게 되었다. 경상도에서는 건진국수라고 하여 콩가루를 섞어 반죽한 면을 멸치 국물에 넣어 먹는다. 서울에서는 사골 칼국수다. 어떤 서울의 미식가가 바지락 칼국수는 칼국수 축에 못 낀다고 하는 글을 읽었을 때, 나는 그런 줄 알았다. 그러다가 서해안 출신의 친구들을 만나면서 칼국수의 새로운 경지를 엿보게 된 것이다. 봄에 바지락이 최선의 맛으로 반짝 터질 때 먹는 바지락 칼국수 맛은 맛의 어떤 지극함에 이르게 된다는 사실이다. 갓 캐내어 해감을 한 바지락으로 끓인 조개탕도 일품이지만, 묘하게도 바지락과 탁한 국수 국물이 만나 절대적 상승작용을 일으킨다고나 할까. 면의 밀가루 성분이 농도를 한껏 올린 국물이 진하게 입에 휘감기고 나면, 연이어

바지락 특유의 농도 강한 감칠맛이 충만해지는 것이다. 친구의 바지락 칼국수 맛있게 먹는 법 강의가 이어진다.

"나는 김치 맛있는 칼국수 집이 최고라는 사람들을 이해할 수 없어. 김치 맛이 너무 달고 강해서 바지락이나 사골의 순한 맛을 다 삼켜버리니까 말일세."

그는 그래서 아무리 김치가 맛있어도 국수를 모두 먹고 국물까지 알뜰하게 마신 후 한 쪽, 헹구듯 입에 넣어 씹을 뿐이다. 그마저도 맛있게 먹은 국수의 여운을 즐기기 위해 생략할 때가 많다. 칼국수 한 그릇 먹는데, 뭐 그렇게 기제사 지내듯 절차를 따지느냐고 할지 모르겠다. 장담하건대, 당신이 봄에 소래 포구든 저 서해안의 어느 포구든 칼국수를 한 그릇 시켜서 이 글을 떠올린다면 고개를 끄덕이게 될 거라고 생각한다. 서해안에 꼭 굴이나 대하, 새조개와 주꾸미처럼 요란하고 화려한 맛만 있는 것도 아니다. 소박하지만, 진짜 서해안의 갯벌 맛을 다부지게 보여주는 것이 바로 바지락 칼국수가 아닌가 싶은 마음이다.

서해안의 위 아래로 차를 달리면 봄에 바지락을 캐는 사람들을 많이 볼 수 있다. 널을 타고 힘들여 갯벌을 저어가는 아낙들을 보면 그 바지락 맛이 더 고마워진다. 가장 흔해서 제 이름값을 널리 알리지 못하는, 그렇지만 서해안의 진정한 보물은 갯벌 속의 수수한 바지락이라고 생각하게 된다.

그 오랜 명망

잃지
마시라

바다의 보리,
고등어

등 푸른 생선이 몸에 좋다는 건 어제 오늘의 얘기는 아니다. 나는 어떤 기사에서 고등어의 한자어가 '古登魚'가 아니라 '高等魚'라고 써야 맞다고 우기기까지 했다. 뇌세포를 활성화해주는 DHA와 각종 혈관과 심장 질환을 예방하는 EPA 때문이다. '이거 진짜 맞아?' 하며 의심의 눈초리를 보내며 아무 맛도 없는 연질 캡슐을 삼키느니, 일주일에 두어 번 고등어를 구워 먹으면 그 영양물질을 충분히 흡수할 게 틀림없어 보인다. 그렇지만 고등어가 좋은 건 맛 때문이라고 나는 단언한다. 아무리 몸에 좋은들, 코브라 쓸개 삼키듯 이를 악물어야 한다는 건 그다지 권장할 만한 일이 못 되기 때문이다. 고등어를 먹는 법은 아마도 다들 한 자락씩 풀 거리가 있을 것이다. 고등어가 '바다의 보리'라고 불리는 건 그 영양 때문이기도 하지만, 무엇보다 보리처럼 흔하고 '친서민적' 풍모 때문이 아닌가 한다. 최근에 비싸다고 해서

'금등어'라는 별칭을 언론이 붙여주었지만, 적어도 내 생애 40년이 넘는 기간 동안 고등어는 줄곧 라면 한 그릇 값을 넘어본 적이 없기 때문이다(물론 최근에는 한 마리에 만 원이 넘는 녀석도 등장하여, 황제 고등어에 등극하였다!). 서민의 생선으로 널리 알려진 꽁치가 자취를 감춘 적이 있으며, 청어는 무려 20년 동안 잡히지 않았고, 소 등심보다 비싼 굴비에다가, 남한에서는 사실상 멸종에 가까운 지경에 다다른 명태를 떠올려보면 고등어가 얼마나 꿋꿋하게 서민의 식탁에 거저 오르고 있는지 알 수 있는 대목이다.

고등어는 우리 어머니들마다 비장의 요리법을 가지고 있게 마련이다. 먼저 고등어조림을 보자. 무를 두툼하게 썰어 우묵한 냄비에 깔고 그 위에 고등어에 칼집을 쓱쓱 내서 얹은 후 칼칼한 고춧가루와 마늘, 간장과 대파를 듬뿍 얹으면 되는 요리다. 이 요리는 사실, 비장이랄 것도 없는 단 하나의 비결이 있다. 바로 싱싱한 고등어다. 고등어만 싱싱하면 대충 주물러도 맛이 난다. 바로 고등어의 기름에서 그 맛이 나오기 때문이다. 기름이 좌르르, 무로 떨어져서 맛을 배게 하고 자글자글 끓게 한다. 여기에다 묵은지라도 살짝 얹어 조리면 입술이 고등어 기름으로 번질거리도록 퍼먹게 만든다. 뜨끈한 쌀밥 한 그릇, 얼른 퍼서 상에 올리시도록.

고등어조림을 이렇게 먹어보는 건 어떤가. 호박잎 쌈이다.

마당 밖에 개들이 가득 몰려와 있었다/ 삶은 호박잎에 고등어조림을 싸 먹다가/ 무심코 생선 살을 한 점 떼어 환한 마당에 던졌다/ 나무 한 그루 없는 마당에/ 고등어가 재빨리 지느러미를 달고/ 허공을 거슬러 헤엄쳐 뒤란으로 사라졌다(후략)

─함성호, 〈고등어〉에서

고등어무조림이 요리 축에도 못 낀다고 했지만, 간고등어에 비하면 제법 손이 간다. 하다못해 무라도 썰어야 하고, 간장으로 간은 맞춰야 하니까 간고등어 고등어자반는 굽는 기술 외에는 그 어떤 요리법이 필요 없다. 간잽이가 소금을 치는 과정에서 이미 요리가 시작된다. 숯불이라도 피우면 더 기막히겠지만 가스불도 좋다(어려서 본 어느 부잣집 정경이 떠오른다. 그 집 안주인이 고등어자반을 화로에 얹고 숯불에 부채질을 하면서 고등어를 굽던 모습이다. 고등어에서 기름이 뚝뚝 떨어지면 치익, 하면서 붉은 불빛과 매캐한 연기가 피어올랐고, 기막힌 냄새를 동네에 가득 퍼뜨렸다. 아, 그 할망구의 노련한 석쇠질이란!).

가스불을 약불로 해서 자반 한 토막을 석쇠에 얹으시라. 이왕이면 고등어에 석쇠 자국이 나도록 꾹 눌러서 구우시라. 배기 팬을 크게 틀고 인내심을 갖고 석쇠를 돌린다. 껍질이 바삭하고 갈색으로 부풀어 오를 때까지 구워야 한다. 자글자글한 기름이라도 떨어져 불꽃이 올라오면 더 맛있는 고등어구이가 된다. 이렇게 고등어를 구워 놓으면 뱃살 쪽은 기름기가 남아 있어 촉촉하고 등살은 살집이 넉넉하다. 뭐, 굳이 이런 설명이 필요한가?

한국처럼 고등어 요리를 사랑하고, 다양하게 먹는 나라는 없다. 일본도 고등어를 즐기기는 한다. 쌀식초를 쳐서 초생선을 만들고(시메사바), 훈제해서 우동이나 소바의 국물을 내는 비장의 카드로 이용한다. 이탈리아도 고등어를 즐긴다. 살을 발라내어 마늘과 올리브유에 볶아 스파게티에 버무린다. 북구에서는 훈제나 소금절임을 한다. 기름이 많아서 오랫동안 보존할 수 있는 생선이기 때문이다. 게다가 영양과 맛은 오죽한가.

"너의 그 푸르른 힘을 빌려 간신히 그 시절을 지나왔다."

윤대녕은 수필집 《어머니의 수저》에서 고등어를 이렇게 이야기한다. 아마 나도 그런 축에 속하는지 모르겠다. 고등어 스파게티를 팔면서 힘겨운 요리사 생활을 거쳐오고 있는 것이니까.

내가 즐겨 가는 시장의 고등어 상인은 한자리에서 오직 고등어만 파신다. 고등어 전문답게 해박한 지식을 자랑하시는데, 간혹 바깥양반 되시는 분도 한마디씩 거든다. 이게 압권이다.

"찬물 고등어랑 더운물 고등어랑 달라요. 찬물 것이 훨씬 좋습니다. 우리도 그렇잖수? 더운 데서 음식 잔뜩 먹고 배 늘어지게 있으면 좋지 않잖수? 또 먹이에 따라 달라지는데, 전갱이랑 오징어 먹은 녀석들이 맛이 좋아요. 새우랑 메루치 먹은 건 살이 푹푹 물러요. 사람도 그렇잖수. 멸치젓, 새우젓 먹고 늘어져 있는 모양을 상상해보슈."

아, 이 놀라운 민중의 묘사력이라니.

조르지 않는
애인이나

묵은 친구
하나 있었으면

부산의 맛

얼마 전에 한 후배가 부산을 다녀오겠노라고, 무엇을 먹어야 할지 조언을 구했다. 며칠이나 묵을 예정이지? 나는 살짝 헛웃음을 날렸는데, 그가 '1박 2일'이라고 했기 때문이었다. 파리나 뉴욕의 맛 기행을 그렇게 하겠다고 나설 사람은 없을 것이다. 부산 우습게 보지 말라, 나는 외치고 싶었다.

내 입맛은 촌스러워서 기어이 명물 음식보다는 보통의 음식을 그 도시에서 찾는 일이 많다. 광주에서 짜장면이라거나 울산에서 짬뽕 하는 식이다. 전국 어디나 맛이 비슷할 것 같은 그런 음식들도 지역색이 강렬하게 묻어 있는 경우가 많다. 그걸 느껴보는 재미가 꽤 흔쾌하다. 심지어 인스턴트 라면도 지역마다 다른 색깔이 덧입혀진다. 광주에서는 어느 변두리 소박한 라면집에서 젓갈을 포함한 일곱 가지 반찬을 상에 올리더라는 얘기도 있다. 각설하고, 부산에서는 순대를 쌈장에 찍어 먹는다는 건 익히 알려진 얘기다. 이젠 불과 두어 시간이면 닿을 거리에 있는 도시들이 모두 서울을 닮아갈까 두렵지만, 어쨌든 이런 지역의 특성이 아직은 면면하다. 그렇다면 남포동 노점 포장마차—이 연속된 두 낱말의 이율배반을 욕하지 마시길—에서 떡볶이와 어묵을 먹어봐야 한다. 언젠가 〈1박 2일〉 이승기가 다녀가면서 인근의 호떡 노점에만 손님들이 몰리는 바람에 잔뜩 풀이 죽은 노점들이다. '구루마'에 나란히 놓인 교자도 놓치지 말자. 앞뒤로 야무지게 기름 철판에 갈색으로 지져내는 교자다운 교자. 속이 당면 중심이라 심심하다느니 그런 말은 헐한 값을 생각하면 쏙 들어간다. 튀긴 만두를 '야키만두'라고 내놓는 서울과 비교하면 부산은 노점에서도 진짜배기를 내놓는 것이다.

남포동에서 교자 하나씩 입에 물고 옛날 식의 자그마한 부산 극장 구경도 좋으리라. 곱창처럼 좁은 국제시장 골목을 누비면서—당신의 허벅지에 노점에 앉은 이들의 등이 닿는다—노점에서 지지미에 소주 한잔도 좋다. 부산 사투리의 하이 소프라노를 들으며 자갈치시장으로 내뺀다. 꼼장어를 파는 포장집도 좋지만, 커다란 갈치나 고등어를 잔뜩 구워주는 6천 원짜리 생선구이 집에 부산 사람인 척 들어가는 것도 묘미다. 상어 수육이나 꼼장어 껍질로 쑨 묵에 소주를 걸치는 것도 부산 사람 흉내 내기의 정점이다.

밀면은 또 어떤가. 부산 사람들도 줄을 서서 먹는 아무개 밀면이 군이 아니더라도 어지간한 집들은 기본 이상 한다. 이왕이면 간판에 소박한 정취가 있는 집, 그러니까 '연식'이 좀 된 집이면 좋겠다. 그런 집에서 나무젓가락을 달라고 하여 싹싹, 비벼서 떨고는 한 그릇의 밀면을 기다리시라. 밀면은 냉면의 '하위 버전'인 듯하지만, 그것이 밀면의 성격을 전부 보여주는 건 아니다. 부산에 피난 온 평안도 사람들이 냉면집을 여는데 메밀이 귀해서 미군 부대의 잉여 밀가루로 만들었다는 밀면은 얼핏 그렇게 보이기도 한다. 그러나 부산 사람들은 밀면이라는 새로운 형식으로 냉면과는 또 다른 무엇을 만들어냈다. 오래된 밀면집에서 나이 지긋한 실향민 노인들이 모시적삼이나 낡은 와이셔츠 차림으로 조심조심 밀면 면발을 들이켜는 장면은 정말 가슴 찡하다.

앞서의 음식들은 정말 맛있다기보다 부산의 정취에 흠뻑 젖어보는 기본적인 성지순례에 가깝다. 진짜 맛은 복국이나 돼지국밥 같은 국물 요리에 있는 게 아닐까 싶다. 나이 좀 든, 그래서 부산의 맛에 산전수전이 밴 어른들은—특히 남자들은—열에 일고여덟은 복국을 거론한다. 술 좋아하고 거친 부산 사내들의 호쾌한 음식이 복국이 아닐까 싶다. 해장으로 한 그릇, 그리고 다시 소주에 한 그릇. 그러고 보면 부산은 해장국이 유독 발달했는데, 해운대 시래기 해장국이나 대구탕은 이미 서울내기들에게도 유명한 곳이다.

돼지국밥은, 정말 이 얘기를 하려고 변죽을 울렸다고 고백할 음식이다. 찬밥을 솜씨 있게 몇 번이고 설설 끓는 국물에 '토렴' 하는 그 놀라운 기술을 보면, 생활의 달인이라는 호칭보다 그 무심한 표정 뒤에 숨은 아낙들의 오랜 세월의 인내를 읽어보게 된다. 밥알의 전분이 깨끗이 씻겨나가 국물에 풀리지 않으니 다 먹을 때까지 혀가 깔끔한 비결이다. 진한 것도 묽은 것도 아닌 그 절묘한 중용의 국물의 두께는 또 어떻고. 소금 간 짭짤하게 하고, 여긴 부산이니까. 역시 짠 '정구지'라고 불리는 부추무침을 소복하게 밥술에 얹어서 목이 미어지도록 넘겨보자. 아아, 그리고 그 비곗점과 밥알과 설핏 말린 국물과 부산의 사투리와, 그리고 국밥만 평생을 만 주인할머니의 앞치마를 함께 씹어 넘기는 것이다. 그것이 부산이다.

그리하여, 부산에 조르지 않는 애인이나 묵은 친구 하나쯤 있었으면 하고 빌게 되는 것이다. 우울할 때면 기차를 타고 훌쩍 들르고 싶도록……

2부

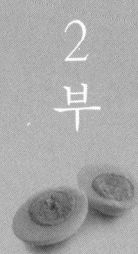

총은
놔두고

카놀리나
챙기게

〈대부〉의 카놀리,
토마토소스

〈대부〉의 감독 프란시스 드 코폴라는 미국 나파밸리에 자기 이름과 같은 와이너리를 소유하고 있다. 그의 와인은 한국에도 수입된다. 몇 가지 와인을 마셔보았는데, 상당히 인상적이었다. 지금은 그의 딸 소피아 코폴라가 운영하고 있다. 소피아 코폴라는 〈대부〉 3편에서 마이클의 딸 메어리로 등장하는 여인이기도 하다.

 와인 마니아가 대개 그렇듯이 코폴라 감독도 미식가다. 그의 영화에 음식이 빠질 리 없다. 특히 이탈리아계 특유의 음식에 대한 집착이 그의 영화 구석구석에 그대로 녹아 있다. 시칠리아의 음식으로 세계적인 명성을 얻은 것은 무얼까, 바로 카놀리cannoli다. '대롱'이라는 뜻의 카놀리는 시칠리아의 상징으로 통한다. 시칠리아 팔레르모, 카타니아 공항에는 출국장 바로 앞에 이 과자를 파는 가게가 있을 정도다. 단순히 전통으로 남아 있는 게 아니라 지금도 시칠리아 사람들이 가장 사랑하는 음식이다. 그라니타granita라고 부르는 빙수가 시칠리아의 대표적인 여름 음식이라면, 카놀리는 사계절을 통틀어 대표한다고 할 수 있다.

카놀리는 영화에서 아주 인상적으로 다뤄진다. 1편에서 적이 돈 코를레오네를 암살하려던 시도가 있자, 내부의 배신자를 찾아낸다. 그는 바로 운전수 폴리다. 마피아 간부는 가족이 부탁한 카놀리를 사고서 그를 교외로 유인해 사살한다. 그러고는 부하에게 말한다.

"Leave the gun, take the cannoli총은 놔두고 카놀리나 챙기게."

사람을 죽이고서 가족이 부탁한 과자를 챙기는 비정한 암흑세계의 스타일을 가장 적나라하게 보여준 대목으로 오랫동안 사람들 사이에서 회자되고 있다. 어떤 이는 카놀리가 그만큼 맛있는 과자라고 이해하기도 한다.

카놀리는 3편에서도 다시 등장한다. 마이클이 자신의 목숨을 노리는 집안의 아저씨 알토벨로를 독이 든 카놀리로 암살한다. 의심 많은 알토벨로조차 맛있는 카놀리의 유혹 앞에 무너져 독살되고 마는 것이다.

카놀리는 이탈리아 이민들에 의해 뉴욕에서 인기를 크게 끌고 있는데, 시칠리아와 사뭇 맛이 다른 것 같다. 나 역시 시칠리아에서 카놀리를 좀 만들어봤다. 카놀리는 한마디로 둥그런 밀가루 전병 속에 리코타 치즈 크림을 채운 과자다. 우선 모양을 만

들기 위해 금속 대롱이 필요하다. 밀가루에 레드와인을 넣어 반죽한 후 대롱으로 모양을 낸다. 리코타 치즈란 두부처럼 부드럽고 칼로리가 낮은 치즈로 시칠리아 같은 남부에서 많이 먹는다. 이 치즈에 설탕과 시칠리아 특산의 견과류를 듬뿍 넣는다. 보통 치즈를 채워 넣고 바깥에 연두색 피스타치오로 장식한다. 시칠리아 거리를 걷다 보면 남녀노소 불문하고 이 과자를 먹으면서 다니는 사람을 많이 볼 수 있다. 선물용으로 많이 쓰고, 아주 작은 마을일지라도 이 과자를 만드는 가게가 있을 정도다. 카놀리는 시칠리아 사람에게는 강력한 소울푸드로 자리하고 있다.

시칠리아만의 소스는 아니지만, 토마토소스는 시칠리아의 상징이기도 하다. 보통 토마토를 많이 재배하는 캄파니아 지방(나폴리 근처)과 원조 논쟁을 벌일 만큼 시칠리아는 토마토소스를 사랑한다. 이글거리는 태양 덕분에 워낙 토마토 농사가 잘되고 맛도 좋다. 토마토소스는 피자에 쓰이기도 하지만, 파스타에 빠지지 않는다. 북부 이탈리아 사람들은 생각보다 토마토소스를 많이 먹지 않는다. 토마토는 남부 이탈리아의 서정이 짙게 밴 소스라고 할 수 있다. 가난한 남부 사람들은 아무것도 넣지 않은 토마토만의 파스타로 허기를 채웠다. 이처럼 싸고 간단한 파스타는 없기 때문이다.

맛있는 토마토소스는, 대부분의 요리가 그렇지만 좋은 재료가 좌우한다. 토마토가 좋아야 소스가 맛있는 것이다. 병에 든 설탕

범벅의 인스턴트 소스로는 그래서 절대로 맛있는 파스타를 만들 수 없다. 시칠리아의 초여름이 되면 잘 익은 토마토가 시장에 나오기 시작한다. 그걸 손으로 으깨어 소스를 만든다. 파스타를 위해서라면 살짝 끓여서 농도를 낸다. 새콤달콤한 토마토 고유의 맛을 강조하기 위해서다. 요란한 첨가물은 넣지 않는다. 파스타를 삶아 소스에 버무리면 좋은 토마토의 구수하고 새콤한 향이 파스타의 곡물과 어우러져 입안을 가득 채운다. 맛이 있는 정도가 아니라 마치 토마토소스의 감칠맛이 입안을 구석구석 찾아다니며 자극하는 것 같다.

〈대부〉 1편에도 토마토소스의 에피소드가 나온다. 앞서 "총은 놔두고 카놀리나 챙기"라고 했던 집안 어른 클레멘자는 마이클에게 토마토소스 만드는 법을 일러준다.

"마이클. 너도 스무 명에게 토마토소스를 만들어 먹여야 할 거야. 올리브오일에 토마토를 넣고 끓여……."

뚱뚱한 클레멘자가 두툼한 손으로 재료를 듬뿍듬뿍 써가며 소스를 만드는 장면이 너무나도 먹음직스럽게 나온다. 〈대부〉와 비슷한 영화 마틴 스콜세지의 〈좋은 친구들〉—그러고 보니 두 영화의 감독이 모두 이탈리아계—에는 토마토소스를 쓰지 않고 케첩에 버무린 스파게티가 서사의 한 축으로 나온다. 일종의 전통의 몰락을 표현하는 데 유용한 상징으로 쓴다. 마치 한국의 전통 붕괴는 공장 된장과 고추장을 쓰는 것으로 볼 수 있듯이 말이다.

이탈리아의 가정에서는 여전히 토마토소스를 만들지만, 예전처럼 집집마다 대대로 내려오는 소스의 비법을 지키는 건 드물다. 슈퍼마켓에는 살짝 끓이기만 하면 농도가 나오는 병 제품이 많이 팔리고, 누구나 그걸 사서 쓴다. 앞서 클레멘자가 마이클에게 '잘 저어야 눌어붙지 않는다'고 토마토소스 만드는 법을 알려주는데, 병 제품을 쓰면 오래 저을 필요도 없고 눌어붙지도 않는다. 시칠리아의 식당에서 나는 토마토소스를 가끔 만들었다. 토마토를 으깨어 넣고 주걱으로 잘 저어야 했다. 한 사람이 그걸 붙들고 있으면 노동력 낭비(?)가 심하니까 소스 냄비 곁을 지나가는 아무나 생각이 나면 몇 번씩 저어주었다. 실제로 연속해서 저을 필요는 없었다. 눋지 않을 정도로만 슥슥 저어주면 맛있는 소스가 됐다. 한꺼번에 센 불에 졸여서 원하는 농도를 낼 수도 있지만, 그러면 소스에서 쓴맛이 났다. 낮은 불에 천천히 한두 시간 졸여야 농도가 알맞으면서도 구수하고 침이 고이는 소스가 완성됐다.

돌이켜보면 내가 시칠리아에 간 데에는 몇 개의 영화가 가장 큰 영향을 끼쳤다. 〈지중해〉, 〈그랑블루〉, 〈일 포스티노〉가 그것이다. 그렇지만, 이탈리아 그 자체에 대한 매료는 〈대부〉였다. 〈대부〉는 '나'라는 인생의 어떤 심부에 들어 있다. 그저 감명 깊은 영화들이 줄거리나 파편으로 내 기억 속에 그냥 저장되어 있는 데 비하면, 〈대부〉는 골수에 유전자처럼 새겨져 있는 것 같다. 남의 나라 이야기지만, 어른들의 세계를 처음으로 엿본 충격이었다고나 할까. 나의 사춘기는 〈대부〉 전후로 나뉠 만큼 내게는 전율의 사건이었다. 공부는 안 하고 공상만 하는 소년이었던 나는 어느 날, 흘러간 명화를 상영하는 서대문의 '태멘'이란 극장에서 그 영화를 보게 되었다. 낡은 비닐을 씌운 좌석 사이에서 피어나는 오래된 먼지 냄새, 스크린 아래 형광등을 넣은 아크릴로 만든 양복점 광고판, 앞좌석 교복 입은 여학생의 하얀 깃 따위가 생각난다. 그리고 침대에 던져진 말대가리에서 뿜어져 나온 선홍색 피, 관객의 탄식과 비명까지.

〈대부〉는 몇 가지 기록을 가지고 있을 것이다. 속편과 3편이 연속 히트한 드문 걸작, 천문학적 제작비, 등장 배우들이 올라선 스타덤, 그리고 비판 불가침의 자리에 서게 된 감독 코폴라의 존재도 영원히 영화와 함께한다.

내게 〈대부〉는 뭐랄까, 이탈리아적인 서사로 기억된다. 그것을 압축하면 가족과 복수다. 나중에 알았지만, 그건 미국인의 서사가 아니라 시칠리아에서 비롯한 것이었다. 우리는 그걸 '마피아'라고 부른다. 내가 시칠리아에 요리를 배우러 간다고 했을 때, 주위의 많은 사람들이 걱정 내지는 의아한 반응을 보였다. 우습게도 그건 순전히 〈대부〉에서 얻은 정보(?)에 기초한 것이었다. '마피아 동네에 왜 간다는 거야'라는 식이었다. 실제 시칠리아에 마피아가 많기는 하지만, 일개 요리사 지망생을 건드릴 리가 있겠는가. 그럼에도 사람들은 시칠리아는 접근 불가의 상징으로 이해하고 있었다. 시칠리아 사람들은 누구나 권총을 차고 다니고, 가족의 명예를 더럽히거나 이익을 침해하면 무자비한 복수를 할 것 같다고 말이다.

현실과 영화는 분명히 다르다. 그렇지만 아직도 나의 시칠리아 생활은 명징한 현실감이 없었다. 마치 영화 〈대부〉의 여러 사건과 이미지 속에 내가 잠시 뒤섞여 있는 듯한 착각을 불러일으켰다. 몇 편의 영화가 한 사람의 인생에 이토록 깊게 침투하기도 힘들 것이다. 그러니까, 나의 삶은 지금도 〈대부〉의 자장 안에서 살고 있는지도 모른다. 그러나 이게 나만 겪는 문제도 아닌 것 같다. 전 세계 관광객들이 시칠리아의 어떤 작은 마을에 들른다. 오래되고 볼거리 하나 없는 그 마을의 이름은 '코를레오네Corleone' 즉 돈 코를레오네의 고향 마을이 바로 그것이다. 영화 2편에 등장하기도 한다. 오직 영화에 등장한 마을이라는 이유로 이곳이 팬들의 성지순례 코스가 된 것이다. 순수한 한 그릇의 토마토소스 스파게티를 먹고, 디저트로 카놀리를 먹는 그날을 생각해본다. 그건, 건조하고 작열하는 태양이 있는 시칠리아의 시골이라야 제맛일 것 같다.

토마토소스 맛있게 끓이는 법(시칠리아식)

재료 (4인분)

이탈리아산 토마토홀(깡통에 든 가미하지 않은 백 퍼센트 필드 토마토) 1킬로그램

좋은 천일염 1큰술

올리브유 5큰술

양파 다진 것 2큰술

조리법

1. 깡통을 따서 즙과 토마토를 모두 믹서에 넣고 곱게 간다.

2. 우묵하고 큰 냄비에 중불 정도로 가열하여 올리브유에 양파를 볶는다. 갈색으로 진하게 볶는다.

3. 갈아둔 토마토를 넣고 중불로 끓이다가 약불로 1시간 정도 끓여서 농도를 얻는다.

4. 원하는 파스타 소스로 쓴다. 잘 밀봉하여 냉동해도 맛이 오랫동안 살아 있다.

세상의
모든 괴식

소 내장 요리

전국은 물론, 전 세계를 떠돌면 틀림없이 '괴식怪食'이라고 부를 만한 음식을 먹게 된다. 얌전하게 맥도널드를 찾아 감자튀김을 씹거나, 아니면 슈퍼마켓에서 빵을 사서 씹고 돌아다녀도 피할 수 없는 상황이 생긴다. 패스트푸드점이 없는 지역이 여간 많은 게 아니고—히말라야 고산지대에서 켄터키 프라이드의 흰색 양복 입은 할아버지를 찾지 마시라—현지인과 동화同化의 순간을 맞아야 할 때도 있기 때문이다. 뭐, 추억의 이름으로 한 그릇 먹어보는 것도 나쁘지 않으니까.

 《인도 방랑》, 《티베트 방랑》으로 우리에게도 잘 알려진 후지와라 신야의 《동양기행》은 아주 감명 깊은 내용으로 가득 차 있다. 그는 터키에서 출발, 한국을 거쳐 일본으로 돌아가는 기행을 책에 옮겨 놓았다. 그중 티베트 편에서 괴식을 맛보게 된다. 히말라야 고산에 있는 절에 들어간 그는 '마치 흙이나 초식동물의 배설물 같은' 한 덩어리의 음식을 받는다. 나그네라고 더 나은 음식을 주지 않는 오지의 절. 그는 구역질을 하며 그 음식을 받아들이지 못한다. 그러던 어느 날, 허기의 끝에 다다르자 그 음식에서 맛있는 풍미를 느끼게 된다. 음식물을 거의 구하지 못하는 그 절은 철저하게 직접 농사를 짓거나 채집한 식물로 끼니를 이었다. 후지와라가 먹은 그 음식은 '파파'라는 이름의 밀보리겨였다. 문명의 혀를 만족시키는 어떤 맛도 없는 그 음식을 먹으면서 그는 세속의 풍진을 비로소 떨어내게 된다.

그는 터키에서 기막힌 음식을 먹어본다. 특히 양머리 통구이나 양내장 수프는 그에게 고통스러운 기억을 던져주지만, 세상의 끝을 여행하는 후지와라다운 결기로 그 맛을 극복한다. 양고기는 특유의 냄새 때문에 한국인도 좋아하는 이가 드물다. 후지와라는 양 머리를 둘로 쪼개 뇌수를 꺼내 먹는 요리에까지 도전한다. 그에게 괴식이란 새로운 세계로 들어가는 통과의례이기도 했기 때문이다.

괴식은 아니지만, 그는 버마지금의 미얀마에서 놀라운 음식을 접한다. 노천 식당에 앉아 음식을 먹는데, 어린 소년들이 그를 둘러싸고 있었다. 흔한 소매치기나 들치기 정도로 오해한 후지와라는 경계를 늦추지 않았다. 그런데 알고 보니 그 소년들은 따가운 볕을 가려주느라 식사 시간 내내 그에게 그림자를 선사하고 있었던 것이다. 그것도 해가 움직이면 같이 움직이면서.

나는 이탈리아에 가기 전에 소 내장 따위는 한국에서나 먹는 줄 알았다. 미국에서는 소 내장으로 고양이나 개 먹이를 만들고, 소꼬리조차 잘 먹지 않는다는 얘기를 들어 알고 있었기 때문이다. 심지어 초기 미국 유학생들은 정육점에서 소꼬리나 사골을 얻어다가 버터를 넣고 끓여 체력 보충을 했다는 전설 같은 이야기가 전해진다. 어쨌든 미국과 달리 유럽은 목축이 쉬운 땅이 아니었고, 당연히 고기가 흔하지 않아 알뜰하게 모든 부위를 먹었다. 물론 한국처럼 '수구레'—소가죽 아래의 젤라틴 성분을 끓인 후 굳혀 만든 음식—까지 먹는 건 아니었지만 말이다.

프랑스, 이탈리아, 독일 등은 고기를 먹는 방법이 비슷하다. 특히 소나 돼지의 모든 부위를 알뜰하게 먹는 것으로 유명하다. 순대, 머릿고기까지 우리와 비슷한 방법으로 먹는다. 프랑스의 부뎅은 꼭 순대를 닮았다. 당면이나 쌀을 넣지는 않지만, 피를 넣기 때문에 검은색을 띠는 게 꼭 순대랑 비슷하다. 머릿고기나 족발도 즐긴다. 머릿고기를 삶아서 누른 후 편육을 만드는 것까지 흡사하다. 인류의 머릿속에 들어 있는 건, 어느 인종이나 비슷하게 마련이다.

소 내장도 아주 즐겨 먹는다. 한국에서, 내가 이탈리아식으로 소 내장 요리를 처음 선보였는데 열광적인 반응을 얻었다. 마치 한국의 곱창전골과 비슷한 요리다. 다만, 가루 치즈를 뿌려 먹는다는 점 정도가 다르다. 이탈리아를 여행할 때, 겨울에는 꼭 이

소내장탕을 시켜 먹었다. 우선 값이 쌌다. 한 그릇에 1만 원 정도. 스테이크는 2만 원이 넘으니 비교적 좋은 값이었다. 이탈리아 요리는 뜨겁게 요리하는 경우가 드물다. 그런데 이 소내장탕은 뜨끈하고, 어떤 경우에는 매운 고추를 넣어 얼큰하게 만든다. 한국인 식성에 딱 맞는다. 이름은 주파 디 트리파 zuppa di trippa다. 겨울에는 대부분의 추운 지역에서 다 먹으니, 메뉴판에서 찾아볼 수 있을 것 같다. 여름에는 냉채를 만들기도 한다. 한국도 소의 양으로 냉채무침을 만든다. 비슷한 맛이다.

그중 괴식이라고 할 만한 소 내장 요리는 시칠리아에서 만났다. 시칠리아는 지중해에 떠 있는 거대한 섬이다. 지도를 보면 장화 모양의 이탈리아 반도가 냅다 걷어차는 삼각형의 물체가 바로 시칠리아 섬이다. 역사 이래 수많은 외적의 침탈과 지배를 겪은 슬픈 운명의 땅이다. 사라센, 무어인, 신성로마제국, 스페인, 미국 등 수많은 이방인의 점령을 겪었다. 그래서 시칠리아인들은 마음을 잘 안 내준다. 마피아가 이 땅에 생긴 것도 이런 역사적 배경을 무대로 한다. 마피아는 원래 지주와 외래 세력에 대한 농민들의 자주 방위 조직이었다.

어쨌든 나는 이 지역에서 요리사 견습 생활을 했다. 그런데 그동안에도 몰랐던 소 내장 요리를 팔레르모에서 보게 됐다. 팔레르모의 해안가를 걷고 있는데, 희한한 가게가 눈에 들어왔다. 연륜이 있어 보이는 가게였고, 손님들이 많았다. 요리사인 나의 호기심을 끌 만했다. 가게 안은 식당 홀이자 주방이었다. 메뉴는 딱 하나, 무슨 햄버거 같았다. 그런데 속에 들어가는 것이 달랐다. 남정네 여럿이 끓이고 썰고 있는 건 소 내장이었다. 허파, 심장, 간……. 모두 송아지 것이라고 했다. 이탈리아에선 수컷 송아지는 일찍 잡는다. 암컷은 우유를 생산하니 기른다. 송아지 내장이므로 부드럽다. 누린내도 거의 나지 않는다. 이 내장을 햄버거 빵에 넣고 레몬즙을 짜서 먹는다. 별다른 양념이 없는데도 맛이 기막히다. 같이 간 시인 최갑수는 호기심이 넘쳐서 빵을 아주 맛있게 먹었다.

주인과 대화를 나눴다. 오직 30년을 이 가게에서 송아지 내장만 썬 사나이다. 그에게 왜 시칠리아에 송아지 내장 햄버거가 있느냐고 물었다.

"음, 시칠리아는 가난했으니까, 고기는 먹을 수 없고, 값이 싼 내장으로 햄버거를 만들 수밖에. 그게 시칠리아의 음식이지."

등심 같은 구잇감은 부자에게 내어주고, 내장으로 곰탕을 끓였던 우리 민중들의 음식과 흡사했다. 역사의 음식에는 계급이 있다. 그걸 일깨운 시칠리아의 내장 햄버거였다.

뉴칼레도니아에서
맛본

예술

달걀

살다 보면 어떤 깨달음의 단계에 다다를 때가 있다. 그렇다고 내 주제에 득도를 한다고 해도 믿을 사람은 없을 테고, 아마도 '저 인간, 또 무슨 농담을 하려고 저러나' 할 거다. 곧장 질러가서 말하자. 바로 '인간사 수많은 음식들을 관통하는 하나의 대명제, 왜 몸에 좋은 건 맛이 없나'다. 다시 말해서 몸에 나쁜 건 맛이 좋다는 뜻이다. 담배를 떠올려보라. 한 대의 여유, 일상의 도피, 도파민이 우루루 쏟아져나온다는 만족감, 특히 에스프레소 커피와의 절묘한 궁합……. 더 이상 담배를 피울 수 없게 되었을 때 나는 진정 울었다. 살아도 사는 게 아니었다. 실제 살아보니 더 그 말이 사무친다. 담배가 몸에 좋았다면, 내 주치의는 이렇게 권고했을 거다.

"참 안된 말씀입니다만, 힘드시더라도 담배를 두 갑 정도 피워주세요. 뭐, 쉽지 않다는 건 압니다. 정육점 이 사장 아시죠?

그 냥반, 담배 끊더니 비명에 가셨다는 거 아닙니까. 몸 생각해서……."

오늘은 달걀 얘기다. 그런데 웬 건강 타령부터 늘어놓았나. 바로 내가 달걀 귀신이기 때문이다. 달걀을 너무 좋아한다. 냉장고의 달걀 트레이에 좌악, 노란 달걀이 늘어서 있으면 기분이 좋아서 냉장고를 수시로 여닫고 싶어지는 종류의 인간이다. 밤참으로 으뜸은 삶은 달걀 다섯 개요, 아침밥에 달걀말이나 프라이가 올라오면 생일상이다. 찜질방에서 맥반석 달걀 안 먹는 놈 보면 이해가 안 되는 그런 인간 말이다. 내 주치의는 담배를 권해주지는 못할망정 달걀을 조절하라고 경고했다.

"나이 오십이 다 되어서 아직도 그렇게 계란을 많이 먹으니 콜레스테롤이 높지. 소화도 잘 안 되고 그러니 줄이라고."

인간이 언제부터 달걀을 먹었는지는 모른다. 그러나 달걀이 생기면서부터 미식과 요리의 신기원이 열렸다고 해도 과언이 아니다. 맛있는 과자와 아이스크림에는 달걀이 절대 빠지지 않는다. 특히 달걀의 노른자와 흰자로 분리되는 두 가지 다른 성질은 화려한 미식의 열쇠가 됐다. 프랑스 요리에서 사람들을 감탄하게 만드는 크렘브륄레나 슈크림, 커스타드를 넣은 샌드가 노른자의 마력이라면, 한없이 부풀어올라 미식의 허영을 충족시키는 수플레, 중독성 있는 마카롱 같은 과자는 흰자의 변신으로 가능해진다. 프랑스의 전설적인 요리사이자 제과사 앙투안 카렘은 이런 달걀의 특성을 십분 이용한 다양한 요리와 과자로 세계를 풍미했다. 그의 기술은 지금도 여전히 사람들의 입을 즐겁게 해준다. 만약 달걀이 없었다면, 특히나 대량 밀집 사육으로 값싸고 풍부한 달걀이 시장에 나오지 못했다면 지금 우리의 음식사는 다시 써야 할 지경이다.

한 개의 달걀은 백 몇십 원에 불과하다. 그렇게 값싼 달걀이지만, 무궁무진한 요리법으로 요리사들을 괴롭힌다. 주로 미국이나 영국 요리사에게 해당되지만, 간단한 아침 달걀 요리 하나에도 A4지 몇 장을 채우고도 남을 요리법이 있다. 우선 프라이를 보자. 뒤집지 않고 한쪽만 익히는 서니 사이드 업, 뒤집지만 살짝 굽는 오버 이지, 완전히 익히는 오버 하드 등으로 나뉜다. 영국이나 미국의 고급 호텔의 아침 식사는 다른 건 몰라도 달걀만큼은 요리사가 직접 불을 때서 즉석에서 요리하는 게 원칙이다. 파랗게 면도를 한, 갓 수습을 뗐을 것 같은 어린 요리사가 살가운 표정으로 주문을 받아 만들어주는 달걀 요리는 정말 받아 먹을 만한 가치가 있다. 앞서의 프라이 요리는 물론, 다른 요리도 다 된다. 마구 휘젓는 것 같지만 일정한 농도와 질감을 내야 하는, 그래서 초보 요리사를 골탕먹이는 스크램블드에그도 있고 끓는 물에 예쁘게 익혀내는 수란水卵도 있다. 치즈 등 고명을 얹어 오븐에서 굽는 시어드 에그도 있으며 반숙이나 완숙 달걀은 기본이다.

고급 호텔에서 할 짓은 못 되지만, 양쪽으로 젓가락 구멍을 내어—아, 놀라운 물리력의 해석—쪽 빨아먹는 날달걀은 또 어떻고.

내게 감동적인 달걀 프라이는 영국도, 미국도 아닌 뉴칼레도니아의 한 호텔에서 맛본 것이었다. 그것이 프랑스식이었는지, 아니면 관광객이 많으니 미국식이었는지는 모르겠다. 분명한 건 매우 예술적인 달걀 요리를 맛보았다는 점이다. 메이드복을 입은 뚱뚱한 원주민 아주머니가 두꺼운 무쇠솥—그래, 팬보다는 거의 솥처럼 보였다—에 기름을 엄청나게 붓고 자글자글 끓이다가 프라이 주문이 들어오면 튀기듯 프라이를 했다. 흰자의 겉은 바삭했지만 질기지 않았고, 노른자는 밑면에서부터 윗면까지 익힌 정도가 다 달랐다. 미디엄 웰던에서 레어까지 노른자의 층위가 만들어졌던 것이다. 노른자의 아래쪽은 살짝 씹혔고, 위쪽은 크림처럼 입안에 가득 퍼졌다. 달걀은 신이 준 선물이라는 얘기가 하나도 틀리지 않았다.

그런데 달걀을 둘러싼 고통스러운 기억을 가진 이들도 있다. 내 요리학교 후배들의 얘기다. 한 녀석은 실습하는 식당에서 밥을 제대로 주지 않았다. 노예처럼 부려만 먹었나 보다. 저녁밥이라고 주는 게 파스타 한 그릇에 메인 요리로 달걀 프라이였다. 그것도 오일이 아닌 버터에 부친 달걀이었다고 한다. 안 그래도 느끼한 음식에 신물이 난 한국인에게 버터에 부친 달걀은 고문이었을 것 같다.

또 한 녀석은 아예 달걀 때문에 실습 식당을 박차고 나와버렸다. 먹는 게 부실해서 하도 배가 고파 손님의 아침 식사용 삶은 달걀을 하나 먹었다가 발각이 됐다. 결국 주인에게 바가지로 욕을 얻어먹었다고 한다. 나는 두 녀석의 말을 액면 그대로 믿은 건 아니다. 셰프의 딸을 집적거렸거나, 주방에서 김치찌개를 끓여먹다가 들통이 나거나 했을 거라고 생각한다. 하지만 버터에 부친 프라이라면 뛰쳐나올 만하다고도 본다. 물론이다. 그래도 한 번쯤 먹어보고 싶다. 세상에, 버터라니.

여러분에게 드리고 싶은 질문 한 가지. 도매상에 달걀을 주문하면 그가 이렇게 되묻는다. 과연 이게 농담일까 진담일까.

"아, 계란 한 판? 오케이. 근데 왕왕특이오 왕특특이오? 왕왕대, 특대왕란도 좋은데. 뭘로 드릴까?"

물론 농담이다. 달걀의 공식 분류는 왕-특-대-중-소-경으로 나뉜다. 그러니까 제법 실하다고 볼 수 있는 '중'이 결코 중이 아니라 커다란 메추리알만 하다는 것이다. 하긴, 쇠고기 등급도 코미디다. 1등급을 사면, 그게 3등급이니까. 투 플러스, 원 플러스 다음 등급이기 때문이다. 뭐든, 과잉과 머리만 큰 한국식 코미디다. 초등학교 때 피아노나 미술대회 나가면 8할이 우수상 이상이다. 꼴찌는? 물론 장려상 정도는 된다.

각설하고, 달걀말이에 막걸리 한잔 마시고 싶은 날이다. 달걀말이는 그냥 먹어도 좋지만, 마늘 넣은 초간장에 찍어보시라.

무심한
우유의

완벽한
변신

치즈

치즈 없는 서양인들의 식탁은 상상도 할 수 없다. 치즈는 서양인들이 자신의 고향과 정체성을 확인하는 대상이며—요란한 음식 문화가 없는 영국이나 스코틀랜드인조차 치즈는 그들의 뚜렷한 정체성을 의미한다—치즈를 둘러싸고 고향 사람들의 강고한 연대의식이 발동되기도 한다. 마치, 과거 서울에서 홍탁을 먹는다는 것만으로도 호남의 혈연적 연대를 확인했던 것처럼 말이다 (동교동 '선생님'도 그 요리를 사랑해 마지않으셨다).

그 정체성을 확인하는 작업은 이방인에게는 종종 이해가 되지 않을 때도 있는데, 예를 들자면 도대체 로마의 페코리노 치즈와 사르데냐의 그것이 왜 '전혀' 다른 맛이냐는 거다. 내 입으로는 별다른 차이를 느끼지 못하겠다. 사르데냐 쪽이 더 딱딱하고 매운 맛이 난다는 것 말고는. 그러나 만약 그들에게 가서 그런 소리를 지껄였다간 순박한 시골 농부가 훌리건처럼 변해서 당신의 뼈를 추리는 상황을 만나게 될지도 모른다. 각자 자신들의 페코리노가 진짜라고 주장하며 시비를 걸 것이기 때문이다.

어쨌든 치즈가 서양인의 식탁을 풍성하고, 화려하며, 한겨울에도 '먹을 만한' 게 있도록 만들어주었다. 야채라고는 상추 한쪽이 없을 한겨울에 치즈는 훌륭한 비타민 공급원 노릇을 했고, 냉장고가 없던 시절에도 양질의 단백질을 몸에 보충해줄 수 있는 대상이었다. 과거의 서구 사회에서 육식은 결코 쉽지 않았고, 그들도 춘궁기의 조선반도 사람들처럼 단백질과 지방을 갈구하던 오랜 시기가 있었던 것이다.

쉽게 상하고, 오래 보관하거나 멀리 운송할 수 없는 우유가 치즈로 '변한' 것은 신의 축복이라고 할 수 있다. 인간의 노력으로 수많은 치즈가 개발되어 유통되고 있지만 원래 치즈는 신의 몫이었다. 우리에게도 널리 알려진 고르곤졸라 치즈는 한 목동의 해고 모면 노력—무슨 노동법 구절 같은—에서 비롯됐고, 거기에 신이 있었다. 마을 처녀와 사랑에 빠진 이탈리아 밀라노 북부의 한 목동은 막 짜낸 우유를 가져오는 걸 깜빡 잊었다. 며칠 후 가보니 우유는 상해 있었다. 그는 주인에게 해고될 것이 무서워 그 우유통을 땅에 파묻었다. 몇 달 후, 그 기억이 난 목동이 우유통을 꺼냈더니 고약한 냄새가 나지만 입에 넣으니 다디단 치즈로 변해 있더라는 얘기다. 그야말로 신의 솜씨였던 것인데, 이 설화는 '우유가 곰팡이균에 의해 발효 과정을 거치면 치즈가 된다'는 과학적 내용을 말해준다. 목동이 짜낸 우유에는 소량의 칼슘과 비타민, 단백질과 지방이 있었지만 치즈가 되면서 이 영양들이 훨씬 강화된다. 또 우유는 소화 흡수율이 낮지만 치즈가 되면서 우리 몸에 쉽게 들어오게 되고, 단백질도 숙성이 되면서 결합 조직이 느슨하게 분해되어 역시 우리 몸에 잘 흡수된다.

치즈는 오래 보관할 수 있게끔 딱딱한 경우가 많은데, 갈거나 구워서 먹을 수 있다. 불에 구우면 수분이 달아나고 더욱 영양이 집중되는데, 다이어트를 한다면 딱딱한 경질 치즈를 많이 먹는 것은 권장하지 않는다. 지방 함량은 낮은 편이지만, 부피가 작다고 많이 먹으면 소금과 지방을 적지 않게 섭취하게 되기 때문이다. 따라서 다이어트를 할 때 치즈로 도움을 얻으려면 모차렐라 같은 수분이 많고 염도가 낮은 치즈가 유리하다(확실히, 지방이 많은 치즈를 즐기는 프랑스와 이탈리아, 스위스 산악지대의 아가씨들 허벅지가 굵다는 것은 내가 증명할 수 있다).

치즈는 인류 역사, 좁게는 그것을 즐기는 유럽 역사에서 뺄 수 없는 존재였으니 문호 귄터 그라스의 소설 《넙치》에도 등장한다. 여성성의 오랜 투쟁을 다룬 이 소설에는 사람의 젖으로 만든 글룸제라는 치즈가 나온다. 글룸제란 원래 치즈 전단계의 응고된 우유를 말하는 것으로, 귄터 그라스가 인류의 식생활의 변천을 다루면서 자연스럽게 끼워 넣은 장치로 보인다. 유방이 셋 달린 여자들의 투쟁기인 《넙치》는 인간의 젖 치즈 말고도 엽기적인 음식의 보고다. 그 또한 인간이 먹어왔던 음식의 성격이기도 하다. 돼지머리며 족발, 혀가 들어간 수프 따위의.

참, 위에 말한 목동의 숨겨둔 치즈의 이름 고르곤졸라는 그 치즈가 처음 만들어진 것으로 믿어지는 마을의 이름이기도 하다. 유럽의 치즈는 대개 치즈의 원산지가 곧 치즈의 이름이 된다. 파르미지아노파마산는 이탈리아 북부의 파르마 지방이란 뜻이며, 카망베르와 브리는 프랑스 북부에 있는 마을 이름이다.

살에
기억된

세월의
맛

랍스터

"랍스터 따위는 안 먹어요."

K가 자신이 구상하는 소설 얘기를 하며, 주인공의 대사를 읊었다. K는 랍스터를 먹고 있었다. 몸통을 세로로 잘라 구운 랍스터가 접시에 누워 있었다. 갑각류 특유의 머리카락 타는 냄새가 났다. 버터를 발라 구웠군. 그런데 K, 왜 하필 랍스터였어?

"거식증에 걸린 소녀가 주인공이야. 그이가 햄버거나 백반을 거부한다면, 좀 쓸쓸하고 너무 소박해 보여서."

랍스터 정도를 거부해야 그가 구상하는 소설 속의 주인공이 더 빛나 보일 거라는 뜻이었다. 하긴 나도 초등학교 시절, 바나나를 거부하는 소년의 이야기를 구상한 적이 있었다. 그때는 바나나야말로 랍스터 같은 존재였으니까. 아무나 먹을 수 없는, 그래서 그저 상상하는.

그런데 랍스터가 지금의 바나나 같은 때도 있었다고 한다. 언론인 윤덕노의 책《음식잡학사전》에 보면, 랍스터가 노예들의 음식이었던 시절이 있었다. 그의 책에는 이런 구절이 나온다.

"플리머스의 플랜테이션 농장주였던 윌리엄 브랫포드는 농장에서 일하는 정착민을 모아놓고 이런 말을 했다.

'여러분에게 제공할 수 있는 식사는 따뜻한 빵 대신에 물 한 잔과 랍스터밖에 없습니다.'"

아메리카 대륙의 동부는 랍스터가 아주 흔했다. 그래서 당시 랍스터를 잡아 밭에 비료로 쓰거나 죄수의 식사로 제공했다고 한다. 그 죄수들은 아마도 이렇게 외쳤을 것 같다.

"우리에게 자유를 달라. 그렇지 않으면 적어도 랍스터 대신 빵이라도 달라. 우리도 살자."

빌 브라이슨에 의하면, 영국에서도 랍스터가 흔해서 하인들의 음식으로 제공됐다고 한다.

희소성은 때로 맛의 본질을 변화시키기도 한다. 앞서의 바나나도 그렇다. 그처럼 농밀하고 유혹적인 향과 맛을 가지고 있는 과일도 흔하지 않을 것 같은데, 오직 대량 공급된다는 이유로 천대받는다. 그 시절, 미국 동부의 랍스터가 그랬을 것이다. 그러나 바나나와 다른 것은 이제 랍스터는 폼 나는 소설 속의 거식증 소녀가 거부하는 그런 소재가 됐다.

한 방송 프로그램에서 랍스터를 잡기 위해 목숨을 거는 니카라과의 잠수부들이 소개되어 충격을 줬다. 그들은 변변한 장비도 없이 오직 랍스터를 잡기 위해 수심 40미터의 심해로 들어간다. 그리하여 잠수병으로 장애를 얻는다. 그들이 랍스터 한 마리를 건져 올릴 때마다 받는 돈은 고작 3천 원. 달의 뒤편에 무슨 일이 일어나는가 궁금해하는 감상적인 이는 많아도 지구의 뒤편에서 일어나는 일은 다들 모른다. 제비집을 채취하기 위해 바닷가 벼랑을 기어오르는 중국 남부 해안가의 초라한 어부들을 기억하지 못하는 것처럼. 그들의 하루 벌이가 랍스터 하나 값이 안 되리라는 건 자명한 일이다. 지구 뒤편에서는 늘 그런 식이니까.

랍스터는 지구에 인류가 나타나기 전부터 주인이었던 종이다. 그들은 이제 인간에게 잡아먹힌다. 랍스터는 종의 나이도 많지만, 인간에 버금가게 오래 산다. 큼직한 녀석들은 십수 년 이상을 살고, 30년 이상 사는 종도 흔하다. 랍스터는 애완용으로 기를 만큼 지능지수도 높다. 주인을 알아보는지는 모르겠으나, 나는 잡아먹히기 위해서 수족관에서 들어올려지는 랍스터의 얼굴에 표정이 있는 것 같은 느낌을 받았다. 랍스터를 자세히 보면 알게 된다. 작은 눈이 좀 컸다면 더 표정이 풍부했을 텐데, 그런 생각이 들게 한다. 슈베르트의 숭어처럼. 어쨌든 그 표정 있는 랍스터의 얼굴과 머리를 비틀어야 요리를 할 수 있다. 머릿속에 고소한 장과 뇌수가 들어 있다. 뇌수는 마치 포유류의 그것처럼 주름이 잡혀 있다. 랍스터가 얼마나 영리한지 증거하는 것일까?

영장류 학자들은 뇌의 주름 골의 깊이를 통해서 영장류의 지능지수가 달라진다고 설명한다.

랍스터를 꼭 구이나 찜으로만 먹지는 않는다. 일본인들은 무엇이든 날것을 좋아하는데, 랍스터도 예외는 아니다. 배에서 꼬리에 이르는 살—랍스터의 살은 사실 이 부분이 전부다—을 얇게 저며낸다. 막 살아 있던 싱싱한 랍스터는 사망과 함께 극도의 사후경직을 시작한다. 랍스터의 살은 안 그래도 매우 단단하고 치밀하며, 응축력이 강하다. 그 살이 경직을 하게 되면 칼날에 쩍쩍 붙는 느낌이 난다. 내가 아는 한, 랍스터를 처리하는 칼잡이들은 그 회를 먹지 않을 것 같다. 때로 요리사들도 그럴 때가 있다. 재료가 생명이라는 생각이 드는 순간, 달의 뒤편 대신 지구의 뒤편을 생각하기도 하는 것이다.

랍스터를 먹어보지 않은—또는 못한—분들에게 설명하자면, 그건 새우도 게도 아닌, 우습게도 랍스터의 맛이다. 새우와 게살을 합쳐놓은 맛에 해초와 돼지 라드를 바른 것 같다고 설명하는 서양 녀석도 있었다. 그렇지만 그렇게 기름진 맛은 아니다. 뭐랄까, 랍스터는 세월의 맛이다. 바다의 풍상과 온갖 생명들의 아미노산과 휘발성의 지방산이 살에 녹아서 향을 뿜고 맛을 낸다. 랍스터는 오래 산다. 그리고 그 세월 동안 자신이 먹었던 종족들을 살에 기억시켜 놓았으리라.

랍스터를 잘 삶으려면 약간의 기술이 필요하다. 가슴에서 배에 이르는 갑옷 속으로 기다란 부젓가락을 찔러 넣어야 한다. 살아 있는 랍스터에게는 크나큰 고문이리라. 그러나 곧 던져질, 향료를 넣어 부글부글 끓고 있는 물에 비하면 아무것도 아닐 것이다. 부젓가락은 랍스터의 몸이 휘어지는 것을 방지한다. 당신 접시에 오른 랍스터가 반듯한 것은 결코 그 녀석의 본성이 아니다.

입이
미어터지게
달려드는

쥬이시한
매력

햄버거

뉴욕 주방의 은밀한 속사정을 가차 없이 공개한 책《키친 컨피덴셜》은 이미 이 동네에선 고전의 반열에 올랐다. 누가 아니래. 어떤 정신 나간 셰프가 몰래 세탁실이나 고기 냉장 저장고에서 웨이트리스와 한판 벌인다거나—거시기가 얼어붙었겠군—마약에 취해 그릴에 양고기를 굽는다고 털어놓겠는가. 저자 안소니 보뎅의 이 엽기적인 저작은 뉴욕 고급 식당가의 치부와 낭만을 만재하고 있어서 독자들의 열광을 받았다. 무언가 향긋한 소스 냄새뿐만 아니라 땀 냄새와 고기 썩는 냄새가 날 것 같은 이 생생한 기록은 오히려 손님들을 식당으로 더 불러 모았다. 언제나 저만치 서 있는, 울타리 밖의 사람들 같았던 요리사들이 세상 사람들에게 친근하게 여겨지도록 만든 것도 그의 공로였다. 뉴욕의 거리에서 흰옷 입은 요리사를 보면 누구나 어깨를 툭 치면서 "헤이, 요즘 어때" 하고 깊은 호감을 보이게 만든 것이다.

그의 식당 레 알Les Halles. 원래는 파리에 있는 거리 이름이 미국의 명물이 된 건 당연한 일이었다. 그러면 그의 시그너처 메뉴는 뭘까. 으흠, 프랑스식 대중식당을 표방하니까 어니언 수프나 니수아즈 샐러드, 송아지 스테이크가 아닐까 생각하게 마련이다. 물론 그런 메뉴도 훌륭하다. 그러나 역시 레 알을 유명하게 만든 건 재미있게도 햄버거다. 그는 프랑스인의 피를 받았고, 식당조차 프렌치 스타일이지만 역시 미국의 심벌은 햄버거인 셈이다.

햄버거 로시니hamburger Rossini. 그의 식당에서 메뉴의 맨 끝 칸 스페셜티 코너에 이 햄버거가 올라 있다. 모르긴 몰라도 아칸소 주나 앨러배마 주의 촌뜨기들이 뉴욕 구경을 와선 그의 식당에서 21달러짜리 이 메뉴를 시킬 것이다. 로시니는 이탈리아의 유명한 작곡가 이름이다. 이탈리아에는 그의 이름을 딴 스테이크가 있다. 쇠고기 안심에 푸아그라를 녹여 얹고 송로버섯을 곁들여 내는 사치스러운 요리다. 이탈리아의 북부 지방에서는 지금도 이 요리를 하는 식당들이 있다. 한 점을 잘라 입에 넣으면 푸아그라가 부드럽게 녹으면서 간肝 특유의 강렬한 '식도 조임 현상', 그러니까 목이 뻑뻑해지면서 식욕이 마구 동하는, 그런 느낌을 받게 된다. 보뎅은 이 요리에 영감을 받아 자신의 호화판 햄버거를 만들었다. 그래서 이름조차 햄버거 로시니다. 푸아그라 테린이 햄버거 안에서 열을 받아 부드럽고 기름지게 녹아내리고—푸아그라 기름이 패티 옆으로 줄줄 흘러내리는 광경을

떠올려보시라—갈아낸 송로버섯 소스에 어우러지는 레드와인 소스라니!

 그렇지만 햄버거 로시니의 진짜 미덕은 주문하자마자 고기를 갈아낸다는 데 있다. 그 시차가 두어 시간일지, 아니면 문자 그대로 '곧바로'일지는 모르겠지만, 어쨌든 주문 즉시 갈아낸다는 이 선명한 주장은 햄버거의 진골 선언으로 이해해도 될 것 같다(숙성된 패티가 더 맛있다는 생각은 일단 논외로 치자). 맛이야, 레 알에 전화를 걸어 예약하시고 직접 경험하시기 바란다. 햄버거 맛이 그렇지 뭐, 하고 생각하는 사람에게는 분명 충격적인 맛일 테니까. 덤으로 보뎅을 진짜로(!) 보게 될 수도 있다. 그 역시 이젠 손 놓은 할배 셰프라 소스 얼룩 따위는 튀지 않은 깨끗한 옷을 입고 손님들과 농담이나 따먹고 있을 게 틀림없다. 그리고 혹시 그를 보게 되면 내 얘기도 좀 해주시라. 혹시 최근에 어떤 한국의 매거진으로부터 서면 인터뷰를 하지 않았느냐고. 그 유치한 질문을 했던 사람이 바로 나라고 말이다. 질문 중에는 이런 것도 있었다.

 "정말 세탁실에서 웨이트리스랑 요리사가 거시기를 하나요?"

 보뎅이 푸아그라를 넣은 럭셔리 햄버거로 유명해졌지만, 여전히 많은 미국인들은 미국식 햄버거의 원형은 소박하고 커다란 길거리 제품이라고 믿는다. 지글거리는 플랫톱에 쇠기름 뚝뚝 흐르는 거대한 패티를 굽고, 엄청난 양의 프렌치프라이를 곁들인 그런 햄버거 말이다. 갈린 고기의 특성상 육즙이 가득하기는 힘들겠지만, 적어도 마분지로 만든 것처럼 퍼석거리지는 않는, 제법 즙 많은 햄버거 맛을 보고 싶다. 손에 들고 먹는 햄버거야말로 미국인의 상징이겠지만, 거리의 식당에서 투박한 포크와 나이프로 썰어 먹는 햄버거도 좋다. 겨자나 데미그라스 소스를 듬뿍 쳐서 입이 미어 터지게 썰어 넣어볼까.

초콜릿 소스에는

마성이
깃들어 있다

토끼 고기와
초콜릿

우리 세대에게 초콜릿은 기호 식품이라기보다 어떤 상징이었다. 소풍, 입원, 축하, 그리고 채시라까지. 소풍 배낭에서 초콜릿은 빠질 수 없는 아이템이었다. 과자나 오리온 '미루꾸'밀크 캐러멜 따위야 언제든 먹을 수 있는 것이었지만, 초콜릿은 그야말로 특별한 날에나 먹을 수 있는 귀한 물건이었기 때문이다. 입원도 그런 의미다. 맹장 수술을 하거나 다리가 부러져 입원하는 게 우리 또래의 소원이었는데, 그건 학교를 빼먹는 것 말고도 바나나와 초콜릿을 먹을 수 있는 '보살핌을 받는 존재'가 되었다는 의미였다.

채시라는? 글을 읽는 일부 독자는 이미 눈치를 채고 웃고 계실 것 같다. 그녀가 고등학교 시절 찍은 어떤 초콜릿 브랜드의 광고는 아직도 그 시절 또래에 회자되곤 한다. 그녀는 그 광고로 세상에 얼굴을 알렸고, 스타덤에 올랐으니까. 갈색 톤의 들판과 채시라의 순수하면서도 초콜릿처럼 쌉쌀한 매력의 얼굴(좀 정확하게 말하면 그녀의 갈색 긴 머리카락이 더 기억에 남는다)을 잘 조화시킨 광고였다. "○○와 함께라면 고독마저도 감미롭다"라는 카피는 수없이 패러디되면서 이 광고를 더 유명하게 만들기도 했다. 인터넷에서 검색해보니 그게 1983년의 일이었다.

그 얇디얇은 은박지를 벗겨낼 때의 기분을 기억하는 분이 있을지. 지금도 '클래식'한 포장을 유지하고 있는 그 시절의 초콜릿이 있다. 은박지는 불균질하게 찢겨지면서 갈색의 황홀한 초콜릿을 드러낸다. 가볍게 손으로 누르면, 정연하게 바둑판처럼 나눠진 초콜릿이 툭, 하고 부러졌다. 입에 넣으면 혀와 이빨에 진득하게 달라붙으면서 순식간에 녹았다. 따지고 보면, 그건 카카오의 맛이라기보다 설탕과 우유의 존재감이었다. 카카오보다 그 재료들이 더 감미롭고 더 쌌으니까 아마도 그런 배합이 나왔을 것이다. 카카오 함유량을 나타내는 56%니 72%니 하는 것이 유행한 것은 오랜 세월이 흘러서였다. 딸아이는 마트에서 내가 그 고급하고 몸에 좋다는 다크 초콜릿 대신 여전히 촌스럽고 값싸고 인기 없는 그 시절의 밀크 초콜릿을 기웃거리는 걸 의아해한다. 아빠에게도 순정이 있었다는 걸 알 리 없는 것이다. 우리 시대의 로망 브룩 쉴즈와 피비 케이츠, 그리고 채시라와 가나 초콜릿—누구는 '꽃사슴의 첫사랑' 류의 소설을 거론하기도 한다. 말하자면 하이틴 로맨스물의 원조 격인 대중소설이다—을 떼어놓고 나의 청춘은 무의미하다는 걸 말이다.

며칠 전, 시칠리아에 있는 나의 요리 스승 주세페로부터 메일이 왔다. 가족들의 안부, 건강 걱정—그나 나나 이젠 등뼈의 내구성을 염려할 나이인 것이다—과 세상의 뒤숭숭함을 전하면서 신나는 소식 한 가지도 전했다. 이탈리아 유명 텔레비전에 인터뷰를 했다는 내용이었다. 그러면서 자그마한 크기의 사진 몇 장을 함께 보내왔다. 그는 훨씬 지치고 늙어 보였지만, 카메라가 인터뷰하는 동안 진지한 표정은 여전했다. 아마도, 초콜릿에 대한 얘기를 나누고 있는 듯했다. 새해 음식을 '스페셜'하게 만들어보는 프로그램 같았다. 이탈리아의 새해 음식 중에 널리 알려진 것은 렌틸콩과 익힌 소시지인 코테키노다. 렌틸콩은 모양이 동전처럼 생겼다. 코테키노 소시지도 동전처럼 잘라서 상에 낸다. 새해에는 부자가 되라는 의미다. 중국에서 새해 만두에 동전을 넣어 복을 비는 것과 비슷한 풍습인 셈이다.

그런데 시칠리아의 새해 음식은 좀 독특하다. 그가 보낸 사진 속에는 토끼 요리도 있었다. 시칠리아의 겨울 음식에는 토끼 고기가 올라간다. 과거에는 들과 산에서 잡은 야생 토끼를 썼지만, 이젠 이탈리아 어디든 쉽게 공급되는 사육 토끼를 먹을 것이다. 그의 토끼 요리는 별난 데가 있었다. 바로 소스다. 버섯이나 토끼 머리에서 우린 소스가 아니라 초콜릿을 녹여 소스로 만든다. 주세페는 매년 그의 작은 마을에서 벌어지는 '유로 초콜릿' 행사의 고문 노릇을 한다. 한마디로 초콜릿 전문가다. 대개는 초콜릿으로 과자를 만들겠지만, 그는 요리사답게 고기 요리의 소스로, 파스타의 소스로 초콜릿을 자유자재로 이용한다.

물론 그도 지금은 사육한 토끼를 쓴다. 토끼는 이미 거죽이 벗겨져 들어온다. 그는 옛날 토끼를 요리할 때의 얘기를 들려준다.

"토끼의 모든 다리 가죽에 칼집을 넣고 항문 쪽에서부터 칼을 넣어 배 쪽으로 갈라야 해. 가죽은 귀한 모자와 목도리를 만들 수 있거든. 가죽을 벗겨내면 기름이 있는데, 이것도 귀하게 쓴다네. 토끼 간을 저장하거나 요리를 할 때 쓰지. 아참, 토끼 간 얘기를 했던가. 그건 마늘과 허브를 넣어 쪄서 곱게 체에 내려야 하네. 빵에 발라먹거나 굳혀서 요리로 내지. 푸아그라보다 더 맛있는 게 토끼 간 파테라네."

토끼 고기 중에 가장 맛있는 부위가 허리 살이다. 하긴, 모든 고기의 허리 살이 가장 맛있다. 바로 등심이라고 부르는 부위다. 그의 초콜릿소스 토끼 요리는 허리 살과 다리 살을 함께 낸다. 토끼 다리는 마치 칠면조의 다리 같다. 검고 진하며, 마성이 깃든 것처럼 물체를 반사하는 걸쭉한 초콜릿소스와 하얀색의 토끼 고기는 묘한 대조를 이룬다.

그의 마을이 초콜릿으로 유명해진 건 오래전의 일이다. 초콜릿은 유카탄 반도의 아메리카 대륙에서 살던 스페인 정복자에 의해 17세기에 유럽으로 전해진다. 시칠리아는 그즈음 스페인의 영향력 아래 있었고, 그 때문에 유럽에서도 초콜릿을 가장 먼저 받아들인 지방이 됐다. 시칠리아는 이탈리아가 아니었느냐고? 천만에. 이탈리아의 통일은 1861년의 일이었으니 말이다.

주세페의 초콜릿에 대한 자부심은 놀랍다. 그는 '가장 순수하고 가장 품질 좋은' 초콜릿을 만들었다. 물론 공정 무역으로 들여온 카카오로 초콜릿을 만들었다. 그의 마을은 인구가 불과 3만에 불과한 시골이지만, 아메리카 대륙과 아프리카의 공정 무역을 지원하고 육성하는 '알트로메르카토'라는 운동 단체가 있는데, 그 단체에서 그는 카카오를 사들인다.

그의 초콜릿소스는 뭔가 마성이 깃들어 있다고 해도 좋았다. 디저트가 아니라 요리에 쓰는 초콜릿이므로 설탕은 거의 함유되어 있지 않은 다크 초콜릿이다. 맛이 쓰지만, 입안에 넣으면 오래지 않아 깊고 그윽한 카카오의 향이 가득 퍼진다. 쌉쌀한 맛은 입맛을 돋우고 토끼 고기 특유의 비릿한 맛을 중화시켜준다. 질 좋은 카카오는 그 열매가 자란 고장의 토양과 기후를 그대로 닮는다고 주세페는 말한다.

"대지의 기운, 흙냄새, 먼지바람, 새벽이슬 같은 게 카카오의 본래의 맛과 냄새야. 잘 맡아봐. 아프리카의 카카오는 무언가 건조하고 대륙적이고, 아메리카의 카카오는 습하고 진하며 나무 냄새가 많이 나. 둘 다 태양을 닮은 맛이라는 건 공통점이지."

아프리카 사람들은 뱀을 숭상한다. 대지를 배로 훑고 다니면서 어머니 대지와 동거한다, 고 카잔차키스는 《그리스인 조르바》

에서 쓴 적이 있다. 그 아프리카 땅의 기운은 뱀 말고도 카카오에도 스며드는 것 같다. 은밀하고 진한 그런 기운.

그의 마을에는 공정 무역으로 들여온 카카오로 초콜릿을 만드는 공장이 있다. 그는 내게 그 공장을 구경시켜주었다. 공장이라기보다 작은 가내수공업 현장이다. 카카오 산업은 대표적인 플랜트 산업으로 거대 다국적기업이 시장을 장악하고 있다. 커피와 함께 아프리카와 중남미 생산자들이 가장 많이 피해를 보고 있는 산업이다. 그의 마을에서 팔리는 소박한 초콜릿은 모두 공정무역으로 들여온 카카오와 설탕, 부재료를 쓰고 있다. 비록 전체 시장에서 매우 미미한 몫을 차지하고 있지만, 그런 작은 움직임이 언젠가 소비자들을 각성시킬 것이라고 낙관하고 있다. 그래, 낙관은 손에 잡히지 않지만 긍정의 힘으로 믿는 것이다. 주세페는 그걸 믿는다.

"초콜릿소스의 토끼 고기 같은 건 이제 먹지 않을 줄 알았어. 이탈리아에 맥도널드가 들어오고 나서 사람들이 그렇게 생각했지. 그렇지만 나는 아직도 그걸 만들고, 사람들이 기억하고 있어. 인생에서 가장 중요한 게 뭔지 알아? 낙관하는 거야. 희망이 없으면 삶이 무슨 소용이지?"

마리네이드 한 닭가슴살 구이와 초콜릿소스 레시피

토끼 고기를 구하기도 어렵고 — 모란시장에 가면 살 수 있기는 하다 — 쉽게 접근하기 어려운 고기이므로 닭가슴살로 대체해 보았다.

재료 (4인분)

닭가슴살 4개, 베이컨 1줄, 버터 1큰술, 올리브유 5큰술, 초콜릿(70%이상 다크) 20그램, 소금과 후추

(마리네이드 재료) 발사믹식초 1큰술, 올리브유 5큰술, 레드와인 1큰술, 생강 다진 것 1티스푼, 마늘 5개, 월계수잎 2장, 후추

조리법

1. 요리 4시간 전에 닭가슴살에 마리네이드 재료를 섞어 담가서 상온에 둔다.
2. 4시간 후 요리를 시작한다. 팬에 올리브유 5큰술과 버터 절반, 베이컨 썬 것을 두르고 중간 불에 닭가슴살을 굽는다. 노릇하게 양면이 구워지면 다진 초콜릿을 넣는다. 아주 낮은 불로 천천히 더 익힌다. 가슴살을 눌러보아 어느 정도 단단해지면 완성된 것. 너무 익히지 않도록 주의한다. 가슴살을 꺼내서 저미고, 팬에 남은 소스에 버터 남은 것 반 큰술을 넣고 잘 녹인 후 체에 걸러

소스를 만든다. 고기에 뿌려 낸다. 장식으로 다크 초콜릿 다진 것을 뿌려 내도 좋다.

귀품의 반열에
올라선

맛 중의
맛

캐비아의
전설

어느 날 우연히 케이블의 한 채널을 보았다. 배우(?)들의 생김새나 등장하는 무기— 낡은 헬리콥터와 러시아식 로켓포, AK보총까지—로 보아 러시아나 구소련 지역의 B급 전쟁 영화인 것 같았다. 그런데 자세히 들여다보니 다큐멘터리였다. 화면 구석에는 잘 알려진 다큐멘터리 프로그램의 로고가 있었다. 우크라이나 동쪽의 어떤 강 위에서 헬리콥터가 한 패의 밀렵꾼들이 모는 배를 추격하는 장면이었다. 가끔 기관총 소리도 나고, 그야말로 실감 백배의 대추격전이었다. 결국 헬리콥터까지 동원한 경찰 부대가 밀렵꾼의 배를 사로잡았다. 선창에서 쏟아져 나온 것은 한 무더기의 철갑상어였다. 그러니까, 이젠 다이아몬드만큼 귀하다는 캐비아를 둘러싼 거친 활극의 한 장면이었던 것이다.

캐비아가 얼마나 귀하면 목숨을 걸고 남획하는 무리와 기관총과 헬기까지 동원한 경찰의 추격이 있을까, 혀를 차게 된다. 그러나 그럴 만도 하다. 5, 6년 전만 해도 30그램짜리 작은 병조림 하나에 15~20만 원정도 하던 것이 이젠 50, 60만원을 불러도 물건이 없다. 그야말로 캐비아가 진짜 귀품의 반열에 올라선 셈이다. 캐비아를 품는 철갑상어가 국제적 보호 어종이 된 때문이다.

몇 해 전 사망해서 이젠 우리 곁에 없는 일본의 뛰어난 저술가인 요네하라 마리는 러시아의 여러 잡사雜事에 정통한데, 캐비아 역시 마찬가지다. 그이는 러시안 캐비아를 둘러싼 기묘한 이야기들을 글에 즐겨 썼다. 그중 압권은 한 연구자가 철갑상어 배에 YKK지퍼(튼튼하기로 소문난)를 달았다는 이야기였다. 연어나 송어와 달리 철갑상어는 알을 낳고도 죽지 않는다. 생애 동안 여러 번 알을 낳는 것이다. 캐비아를 획득하기 위해 아까운 철갑상어를 죽이지 않고도 알만 꺼낸 후 다시 지퍼로 닫는 기술을 개발했다는 설이었다. 물론 농담으로 꺼낸 말임을 이내 실토하여 웃고 말았지만, 꽤 그럴듯한 이야기로 생각됐다. 실제로 철갑상어를 마취시킨 후 알을 꺼내고, 배를 봉합하는 기술이 연구되었다고 한다. 최근에는 알만 꺼내는 기술도 생겼는데, 실제 눈으로 보았다. 한국의 어느 철갑상어 양식장에서의 일이다. 기다란 대롱으로 철갑상어의 산란관을 자극, 알을 빼내었다. 생각보다 엄청난 양의 알이 쏟아졌다.

아예 그 비싼 캐비아를 마음껏 먹자고 시도된 양식은 세계적으로 활발하다. 프랑스는 물론, 유럽의 여러 나라와 일본, 한국에서도 양식이 가능해졌다. 그 덕에 금값보다 더 치솟는 캐비아를 비교적 싼값에 사 먹을 수 있는 길이 열렸다. 제품마다 품질이 다른데, 어떤 것들은 자연산과 맛의 차이가 거의 없다고 알려져 있다.

캐비아는 요리법이랄 게 별로 없다. 캐비아 자체의 맛이 워낙 강하고 독특하기 때문에 요리를 통해서 맛을 변화시키는 것이 별로 의미가 없기 때문이다. 단순한 요리가 캐비아의 맛을 더 승화시킨다. 그래서 러시아산 곡물(대개 우크라이나 대평원의 호밀)로 구운 핫케이크블리니에 시큼한 사워크림을 얹고, 그 위에 캐비아를 놓아 즐기는 게 최고의 방법으로 통한다. 또는 달걀 요리와도 잘 맞아서 달걀 반숙 위에 캐비아 한 숟가락을 얹어 먹는다. 생선 요리에 내기도 하는데, 생선의 회카르파치오에 소량의 캐비아를 올려 먹으면 맛이 뛰어나다. 좀 죄송한 얘기지만, 그냥 캐비아 그 자체를 즐기는 것을 최고로 꼽기도 하는데, 기왕이면 엄청난 양의 캐비아를 나무 숟가락으로 마구 퍼먹는 것을 추천하는 이도 있다. 나 역시 한 번 우연히 러시아 출신의 화물기 기장으로부터 구한 캐비아를 그런 방법으로 먹어보았다. 역시 캐비아에는 보드카가 빠지면 안 된다. '순치된' 부드러운 서양산 보드카 대신 50도를 훌쩍 넘는 진짜 러시아산 보드카라야 제맛이라고들 한다.

캐비아는 보통 고기 요리에는 곁들이지 않는다. 전통적으로는 프랑스식 식단에서 오르되브르전채 요리로 먹는 것을 최고로 치며,

레몬즙을 쳐서 맛을 낸다. 캐비아를 서브하거나 덜어낼 때는 금속 기물을 쓰지 않는 것을 원칙으로 한다. 금속의 산이 예민한 캐비아의 맛을 변하게 할 가능성 때문이라고들 믿는다. 나는 '그게 뭐 그렇게까지'라고 생각한다. 일종의 요란한 비밀 취미로 일부러 그러는 것 같다. 보통 나무 스푼을 쓰며, 호사를 부린다면 북극의 순록 뿔을 깎아 만든 스푼을 쓰기도 한다.

서양 3대 진미를 꼽을 때 흔히 캐비아, 트러플, 푸아그라를 거론한다. 푸아그라는 1킬로그램에 20만 원 미만이며, 언제든 생산할 수 있으니 나머지 두 개와 함께 거론되는 것 자체가 영광(?)일 것 같다. 트러플도 천차만별이어서 좋은 것은 1킬로그램에 천만 원이 넘으며 캐비아 뺨치지만, 싼 것은 그다지 어렵지 않게 먹을 수 있다. 그러나 캐비아는 남획과 늘어난 소비 등으로 좋은 자연산 제품은 구하기도 힘들고, 값도 천정부지다. 워낙 귀하다 보니 간혹 가짜가 나돌기도 하므로 주의해야 한다. 흔히 '재패니스 캐비아'라고 하여, 검정색 염색을 한 날치나 청어 알이 캐비아 행세를 하는 경우가 있다. 이는 캐비아와는 아무 상관이 없다. 제과점에서 파는 축하용 과일주가 샴페인이 아닌 것과 마찬가지다. 염색한 캐비아는 검정색이 아주 진하다는 점이 특징이다. 진짜 캐비아는 약간 회색이 돌며, 알이 반투명한 느낌을 준다. 무엇보다 캐비아든 트러플이든 진품이 아닌 것은 맛과 향에서 비할 바가 아니다.

캐비아에는 보드카가 최고지만, 샴페인도 훌륭하다. 차르 시대 러시아의 귀족들은 프랑스에서 수입한 루이 뢰데레의 크리스탈이나 동페리뇽에 캐비아를 즐겼다. 크리스탈은 1백만 원 내외, 동페리뇽은 그보다 저렴해서 30~40만 원선에서 숍에서 구할 수 있다. 젠장!

호로록,

국수를
예쁘게
빨아들이는
법

쌀국수

어머니 표현대로 '국수 귀신'인 나는 어디서든 국수를 찾는다. 아닌 게 아니라 내가 천상 파스타나 말아서 먹고사는 팔자인 것도 국수 귀신에 씌어서 그런 게 틀림없다. 천로역정까지는 아니되, 나의 국수 노정은 꽤나 다양하고 길어서 세계의 국수를 두루 맛보고 다녔다. 웃기는 것으로는 수 년 전, 뉴질랜드의 헬리스키잉helli-skiing 출발점에서 맛보았던 우동을 이길 것이 없겠다. 일본인 관광객을 겨냥한 메뉴였는데, 우동의 덕목인 '쫄깃한 면발'이 대양주에 와서 얼마나 고생하는지 적나라하게 보여주었다. 그 면발은 국물을 거의 다 빨아들여 부서지기 일보 직전이었는데, 웃기게도 와사비를 풀어 국물 맛까지 판도라 행성에서나 맛볼 범우주적 스타일을 고수하고 있었다. 우동이야 남의 나라 음식이니 그렇다 치고, 로마의 한 한식당에서 맛본 비빔국수는 또 얼마나 절망이었던가. 라면 분말 스프를 넣은 듯한 맛이라니(주방장님, 전 팔도비빔면을 시킨 게 아니랍니다).

중국을 주유할 때도 나의 시린 속을 채우는 건 국수였다. 북경 쪽에서 쇠고기탕면牛肉湯麵으로 시작한 면은 밀가루였고, 이내 남쪽으로 갈수록 쌀국수의 경쾌한 식감이 등장하기 시작했다. 밀가루 면은 특유의 두터운 질감으로 입안에 가득 차는 물리적 맛을 선사한다면, 쌀가루 면은 전분의 질이 달라서 입안을 튕기는 듯한 식감을 준다. 밀가루 면에 익숙한 나는 그 촉감이 어색해서 대충 씹지도 않고 면발을 삼켜버리곤 했다. 그런데 몇 끼니를 국수로 때우면서 이내 그 참맛을 느끼기 시작했다. 그건 시장 통 좌판 국숫집의 아낙 때문이었다. 그이는 아이를 들쳐 업은 채로 국수 한 그릇을 시켰는데, 호로록, 소리도 아름답게 빨아들인 국수를 우물우물 빠르게 씹어서 아이에게 먹여주곤 했던 것이다. 실로 오랜만에 보는 모정의 흐뭇한 풍경이었고, 나는 그 아낙을 흉내 내어 호로록, 국수를 예쁘게 빨아들이는 법을 배웠다. 쌀국수는 얼굴이 비칠 듯 얇고 탄력이 좋아서 빨아들이는 소리도 예뻤다. 소리통이 가는 악기가 경쾌한 소리를 내듯, 국수도 생김새와 질감에 따라 빨아들이는 소리가 달랐던 것이다. 쌀국수의 전분은 결이 곱고 쫀득해서 입안에 오래 남았다. 씹을수록 쌀 고유의 호화糊化된 전분 맛이 오롯이 살아났다. 먼지가 풀풀 이는 좌판에 앉아 먹는 몇백 원짜리 쌀국수지만, 그 맛은 점도 높게 입에 달라붙었다.

나의 쌀국수 역사는 그러고 보면 꽤 독특한 데가 있다. 프랑스 유학생은 아니지만, 그들 틈에서 처음 맛보았던 것이다. 파리는 베트남식 쌀국수가 흔한 도시다. 베트남 우익 정권의 패망은 곧 다수의 보트피플을 만들어냈다. 인도차이나 반도에 원죄가 있는 프랑스 정부는 그 보트피플을 받아들였고, 그들은 중국식당을 열었다. 박하와 고수, 숙주를 듬뿍 넣은 이 이색적인 아시안 누들은 맛의 도시 파리의 한 줄기를 차지할 만큼 커버렸다. 나는 그 망명 인사가 만들어주는 쌀국수, '통키느와'를 먹었다. 퍼phở도 아니고 미몐米麵도 아니고 뜻도 모를 통키느와였던 것이다. 나의 뒤죽박죽 인생은 국수 섭생에서도 그 힌트를 내밀고 있었던 셈이다.

쌀국수는 뜨끈한 소뼈나 닭뼈 국물이 있어야 비로소 맛을 이룬다. 갖은 향료와 채소를 같이 끓인 국물은 남방의 맛을 기막히게 표현한다. 열대의 향이 뼈 국물에 녹아들어 조화롭게 맛이 든다. 느끼할 수 있는 뼈 국물을 개운하게 행구는 라임의 껍질 향이 좋은 인연처럼 끝까지 혀에 남는다. 나는 느억맘 같은 베트남 생선소스를 쌀국수에 뿌려먹는 걸 좋아하지 않는데, 열대의 향을 그 눅진한 젓갈이 가려버리기 때문이다. 퍼든, 미몐이든, 통키느와든, 그 이름이 무엇이든 여행에서 만날 한 그릇의 쌀국수가 그리워진다.

얼마 전, 한 방송 다큐멘터리를 건성으로 보는데 어촌 마을에 시집온 베트남 여성이 나왔다. 오랜만에 고향 음식을 해 먹기 위해 시장을 보는 장면이었다. 쌀국수와 숙주 같은 채소, 고기를 사며 그 며느리는 활짝 웃었다. 그러나 아쉽게도 고수는 보이지 않았다. 대신 그이가 고른 건 미나리였다. 향취 강한 이국 음식을 못 먹는 시댁 식구와 남편 때문이었을까. 아니면, 그 어촌 시장에서 고수를 구하지 못했던 것일까. 그게 마음에 걸려 나는 이야기도 못 쫓아가고 멍하니 화면을 들여다볼 뿐이었다.

참을 수
없는

냄새의
입자

홍콩 딤섬

정염의 숲에서는 이성의 시계도 멎는다. 그렇다. 홍콩에서 욕망을 억누른다는 건 불가능에 가깝다. 당신의 지갑이 사정없이 열리는 쇼핑가도, 불과 이틀 전의 다이어트 결심을 무색케 하는 대책 없는 식탐도 말이다.

처음 홍콩에 발을 딛던 날, 나의 후각은 아노미 상태에 빠졌다. 한 번도 맡아보지 못한 온갖 이국의 향취에 분별력을 잃었다. 도시의 야경은 마치 셀로판지를 뿌려놓은 것처럼 현란했고, 골목마다 풍겨져 나오는 냄새는 원시적 식욕으로 가득 찼다. 볶고 지지고 끓이고 튀기는 냄새와 말린 해삼이나 가리비, 저장성浙江省에서 온 허브에 절인 소시지까지 나의 후각은 감당할 수 없는 새로운 향에 두 손을 들어버렸다. 내 코는 그 냄새의 입자를 거르느라 지쳤던 것이다.

그래서, 내게는 홍콩이 '냄새'의 도시로 깊게 각인되었다. 북

아프리카나 인도의 이질적 냄새와는 다른, 강력한 식욕을 동반하는 그 탐욕의 냄새는 장히 나를 자극하였다. 기억해보라. 이름 없는 골목 구석의 노점에서조차 질 좋은 피시볼이 넘쳐나고, 어느 동물의 뼈를 한정 없이 끓여 얻은 육수에 말아내는 튀긴 에그누들의 비릿한 맛조차 엄숙하지 않았던가.

나의 한 친구는 무시로 홍콩을 드나들었는데, 그 이유가 사람을 조금 넋 빠지게 만들었다. 그녀는 무심한 표정으로 이렇게 말했을 뿐이다.

"응, 딤섬 먹으러 가."

그러니까, 오직 딤섬을 먹으러 홍콩까지 갈 만하다는 것인지 딱히 할 일이 없어 그냥 딤섬이나 먹고 온다는 뜻인지 모호했다. 그런데 나는 그녀가 홍콩인들을 흉내 낸다는 의심이 들었다. 홍콩인들도 딤섬에 대해 심드렁하게 대함으로써 오히려 딤섬의 가치를 더 북돋운다는 혐의가 짙기 때문이다. 그들은 딤섬 먹는다고 하지 않고, 그저 점잖게 얌차飮茶 한다고 표현한다. 그냥 차 한 잔을 마신다는 뜻이다. 세계인의 미각을 매혹시키는 딤섬치고는 그 존재감이 수수할 뿐이다. 물론 딤섬 한 점을 입에 넣는 순간, 우리의 그런 선입견은 모조리 달아나버리지만.

홍콩의 딤섬집이나 디저트집에서 메뉴판을 열어보는 것은 꽤 난감한 일이다. 아이스크림 '떠리원(31)' 중에서 몇 가지를 고르는 일 따위와는 비교할 수 없는 중대한 결정을 내려야 하기 때문이다. 종잇장처럼 얇은 쌀가루 피로 싼 새우만두 하까우를 먹을까, 아니면 달콤한 차슈파우를 고를까에서 시작된 선택은 곧 배가 불러와서 더 이상 딤섬을 먹을 수 없게 되는 슬픈 순간에 다다르게 된다. 그래서 '왜 딤섬을 더 많이 다양하게 먹을 수 있도록 더 작게 만들지 않는 거야' 하고 불만을 갖게 된다. 그리고 마침내 3박 4일짜리 여행이 오직 음식 때문에 짧다고 불평을 터뜨리게 된다. 내 친구처럼 딤섬집 순례에 인이 박히면, 병원에 문병 가서 간호사가 끄는 치료 카트만 보고도 식욕이 불끈 솟는 체험을 하기도 한다. 그것이 가능한 일인지, 당신이 홍콩에 다녀온 후 다시 논의하기로 하자.

나는 지독한 공간감각 결핍 환자이다. 상상 외로 낮은 지능지수조차 검사지의 도형 비틀기 문제들—다음 그림이 560도 회전한 후 어떤 모양이 됩니까—에서 아마도 빵점을 맞았기 때문이라고 믿을 만큼이다. 그래서 홍콩섬이니 구룡반도니, 심지어 몽콕과 소호 같은 지명의 공간적 배치를 지금도 전혀 알지 못한다. 종로와 강남과 일산과 분당이 혼재하는 셈이다. 그렇지만 그건 내게 별로 중요치 않다. 어느 동네든 맛있는 딤섬을 파는 집들이 무궁무진하다는 건 분명하니까 말이다. 밀라노의 맛있는 피자집은 분명히 열 손가락 안에 꼽을 수 있지만, 홍콩에서 그런 짓은 별로 의미가 없다. '홍콩의 3대 딤섬집' 따위의 검색어를 인터넷에 넣어보는 것도 어리석다. 어느 동네든 당신만의 딤섬집 리스트를 꾸며볼 수 있기 때문이다. 이건 과장이 아니라, 기자들이 좋아하는 표현대로 그냥 '팩트'다.

그저 나는 딤섬 한 점을 집을 때 작고 우아하며, 향기로운 기름 냄새가 나는 그것을 만든 요리사를 한번 떠올려볼 뿐이다. 가난한 중국 남부의 시골에서 올라와 하루 열대여섯 시간의 노동에도 꿈쩍하지 않고, 격주에 겨우 한 번을 쉬는 중노동도 마다하지 않는 그들이 만두를 싸는 재빠른 손놀림을.

L형의 팔뚝이

민속박물관에
가야 할 이유

볶음밥의 순수,
나시고렝

"어떻게 볶아줄까?"

L형은 볶음밥의 달인이다. 그가 중국요리사 전통 복장, 그러니까 훅훅 찌는 주방에 가장 걸맞은 러닝셔츠를 입고서 물었다. 그의 팔뚝에는 수많은 흉터가 훈장처럼 빛나고 있었는데, 모두 고온으로 가열된 기름방울이 튀면서 피부를 지져낸 상처다. 홀에서 먹는 볶음밥은 이미 불의 기운이 한풀 꺾여서 다소곳해지는데, L형이 무지막지한 팬을 마구 흔들어 볶아 내게 주는 밥에서는 불이 확확 치솟는 것 같다. 그가 팬에서 마지막 밥풀까지 탁탁, 커다란 주걱으로 쳐서 그릇 위에 밥을 떨구면 나도 모르게 식욕이 돌아 안절부절못하고 있는 꼴이라니.

군산으로 볶음밥을 먹으러 갔다. 그 집 연세 드신 주방장은 볶음밥의 미학을 제대로 아는 분이다. 그렇지 않고서야 딱 30분간

제한시간 내에 입장한 손님에게만 볶음밥을 팔 리 없는 것이다. 왼팔과 왼손의 근육을 미친 듯이 놀려서 제대로 볶아야 하는 볶음밥은 이미 그의 몸으로 다 받아들이기 힘든 요리였다. 그 집의 볶음밥은 천하일미로 알려져 있는데, 그건 순전히 한 그릇 한 그릇을 일일이 팔뚝에 힘을 주어 볶는다는 전통적 요리법에 충실하기 때문이다. 그건 기름 기운 가득한 중국식 부엌의 순수다. 볶음밥의 원형질인 것이다.

볶음밥의 순수는 불의 기운으로 밥알을 하나하나 감싸듯 익히는 데 있다. 요리사가 웍을 흔들 때마다 밥알이 몇 번씩 천장까지 솟을 듯 키질을 하며, 철판에서 안절부절못하고 있는 뜨거운 기름에 튀겨지듯 익혀져야 맛을 낸다. 노련한 요리사는 웍에 엄청난 화력의 불을 붙인다. 우우웅~ 제트 엔진 같은 화기가 치솟고 그 열이 웍에 모두 전달되면 기름을 두른다. 치이익~ 뜨거운 연기를 내며 기름이 최고의 온도에 도달한다. 요리사는 그때까지 참을성 있게 기다리며 기름의 온도를 밀어붙인다. 그거야말로 프로의 자세다. 밥알과 재료가 그때 가서야 웍에 던져진다. 볶음밥은 그래서 집에서 먹는 요리가 아니다. 웍을 워낙 흔들어 왼팔이 기형적으로 더 굵어진 요리사가 해주는 밥이다. 앞서 L형의 왼 팔뚝은, 할 수만 있다면 민중사의 인간문화재, 민속박물관에 전시하고 싶다. 뽀빠이처럼 두툼하고, 기름 화상과 칼자국으로 아름답게 도배된 상징물이니까.

어려서 나의 작은누이는 일찍 회사에 취직했다. 대학 같은 건, 사치였다. 그 누이가 사환 노릇을 하며 지폐를 벌었다. 간혹, 나를 회사 근처로 불러내곤 했는데 그때마다 나의 메뉴는 볶음밥이었다. 짜장면이나 짬뽕보다 비쌌기 때문에 누이가 고른 메뉴였다. 간혹 누이는 붉은 고추기름으로 볶은 잡채밥을 시켜줄 때도 있었는데, 그건 더 비싼 메뉴였으므로 쉽게 시킬 수 있는 건 아니었다. 누이는 꼭 내게만 볶음밥을 시켜주고 자기는 마치 '나는 속이 좋지 않다'던 어머니처럼, 그렇게 맨입으로 앉아 내 입에 밥숟갈이 들어가는 걸 흐뭇하게 들여다보곤 했다. 그래봤자, 그 누이의 나이 고작 스무 살 초입이었을 테다.

그때 볶음밥은 짜장 같은 건 곁들여주지 않았다. 불땀이 바싹바싹 입혀진 진짜 볶음밥이었다. 대충 부실하게 기름에 버무린 볶음밥을 짜장에 비벼 먹도록 하는 요즘 유행과는 달랐다. 주문을 하면 쇠 국자로 웍을 긁고 치면서 센 불에 밥을 볶는 소리가 들렸다. 숙달된 요리사일수록 그 소리는 아름다운 박자를 가졌다. 다 볶은 밥을 국자로 긁어 그릇에 탁탁, 내려치는 소리가 들리면 행복했다. 무엇보다, 높은 온도에 튀기듯 만든 계란프라이가 올라갔다. 흰자는 바삭하게 튀겨지고, 노른자 속은 주르륵, 흐를 정도로 익힌 완벽한 계란. 서양에서는 이걸 '크러스트 에그'라고 부른다. 얌전하게 지진 '후라이'가 아니라 흰자가 기름에 튀겨져서 부정형으로 날카로운 각도를 만들며 익은 걸 뜻한다. 입에 넣으면 고소한 기름 냄새와 함께 혀를 건드리는 건조한 촉각이 식욕을 당기게 한다. 요새, 어느 중식당에서 이런 계란을 주는지……

볶음밥의 변주는 그 무서운 화력이 밥알을 코팅하듯 기름을 발라 익히는 데서 출발한다. 그다음은? 양주식이든 광둥식이든 태국식이든 인도네시아식이든 고명과 보조 재료의 스타일로 맛을 가른다. 내가 좋아하는 인도네시아식으로 세계의 명물이 된 나시고렝의 맛도 불에서 출발한다. 발리의 고급 리조트 레스토랑이든 거리의 1, 2천 원짜리 싸구려 노점이든 나시고렝은 누구든 최고의 솜씨로 볶는다. 그건 인도네시안의 자존심 같은 것이기 때문일까.

모든 요리는 테루아의 산물이다. 남북의 기후와 토양, 사람의 성정에 따라 김치 하나조차 다른 맛을 보이는 게 바로 테루아다. 그런 면에서 인도네시아 발리의 테루아는 나시고렝의 맛을 테루아에 맞게 표현하고 있다. '크찹 마니스'라고 부르는, 끈적하고 진득한 인도네시아식 간장을 넣어 볶음밥의 맛을 완성한다. 새우가 들어갔든 닭고기가 들어갔든 크찹 마니스의 달짝지근한 양념간장 소스의 맛이 잘 볶은 밥알과 어우러져 맛을 낸다. 작열하는 태양, 푸른 바다 같은 발리의 테루아에 감미롭고 불 맛이 확확 살아나는 나시고렝의 맛은 기가 막히게 부합되곤 한다.

여행하는 어디선가 그 동네의 볶음밥이 있으면, 나는 시키고

본다. 그리고 L형과 어린 누이의 정을 생각한다. 그리고 잠시 눈 앞이 흐려져서 볶음밥을 정면으로 보지 못하고 외면하게 되는 것이다.

꾸득꾸득,

절임의
미학

바칼라

대구라는 이름에 나는 어떤 강렬하고 짭짤한 명명의 내막이 있는 줄 알았다. 그러나 대구는 그냥 대구다. 입이 크다고 해서 대구大口인 거다. 대서양을 떼 지어 헤엄치며 입을 벌린 채로 마구잡이로 먹이를 먹어치우는 대식가 대구.

더벅머리 시절, 나의 생맥주 사랑은 워낙 각별해서, 시를 쓰는 내 친구가 '마른 논'이라는 우아한(?) 별명을 붙여주었다. 내가 잔을 입에 대자마자 생맥주가 마치 쩍쩍 갈라진 논에 물 들어가는 것처럼 사라진다고 해서 붙여준 별명이었다. 그 생맥주에 일품 안주는 대구포였다. 아서라, 여러분들이 대구포인 줄 알고 드시는 대부분의 안주는 대구와는 하등 상관이 없는 정체불명의 포일 뿐이다. 진짜 대구포는 가스불에 굽는 냄새만으로 사람을 매혹시킨다. 명태포도 아니고, 대구포를 가짜로 낸다는 건 이미 냄새에서 두어 자락 접고 들어갈 수밖에 없다. 달콤하면서 짭짤한, 미각의 저 깊은 바닥을 깨우는 냄새 말이다. 쭉, 대구포는 가볍게 찢어진다. 그걸 입에 넣으면 마치 펌프의 마중물처럼 마구 생맥주를 끌어당긴다. 대구포 한 점에 생맥주 한 잔이 사라진다. 알싸한 맥주향이 사라진 입맛 뒤에도 여전히 대구포의 진한 풍미가 남아 있다. 대구는 비할 바가 없는 서민적인 생선포의 제왕인 것이다.

지중해의 저잣거리를 다녀보았는가. 그 재래시장 통에서 가장 늠름하고 콧대 높은 장사치는 대구를 파는 이다. 소금에 절여 산처럼 쌓아놓은 대구는 흥정 없이도 사람들을 끌어들인다. 바칼라, 바칼라우……. 나라마다 이름은 조금씩 다르지만 소금에 절인 대구는 해물을 다루는 시장에서 왕처럼 대접받는다. 대구는 내장을 뱉어내고 그 넓은 몸체를 활짝 펼친 채로 소금에 가득 절여져 있다. 그건 대구포와는 사뭇 다른 지중해의 대구 먹는 방법이다. 지중해 사람들은 그 바다에서 잡은 생선과 해물을 사랑하지만, 대구와 청어에 바치는 경배도 요란하다. 대구는 지중해 바깥의 대서양에서 잡아 올린다. 그러고는 솜씨 좋은 염장꾼에 의해 소금을 뒤집어쓰고, 유럽의 내륙 곳곳에 팔려간다. 대구는 마치, 한국인의 간고등어처럼 염장의 미각을 완성하는 절대 가치다. 소금에 절이면 전혀 다른 맛이 난다는 건, 대구를 먹어봐야 그 뜻을 알게 된다. 이탈리아 반도의 내륙의 땅, 알프스 밑자락의 땅 베네토에 가면 가장 질 좋은 바칼라를 먹을 수 있다. 그들은 바칼라를

통해 대서양을 만난다. 대구가 소금에 절여짐으로써 비로소 산악지대의 사람들에게 바다 맛을 보여주고 있는 셈이다.

대구는 대서양에서 잡히지만, 명물인 소금에 절인 대구는 지중해 사람의 손길이 닿아야 맛이 든다. 마치, 아무리 좋은 고등어라도 간잽이의 절묘한 소금 재는 기술이 없으면 무용지물이듯이. 그 대구 '간잽이'의 손기술은 날래고 아슬아슬하다. 너무 짜게 소금을 매기면 대구의 조직이 쭈그러들고, 심심하면 오래 보관하지 못하고 맛이 제대로 배지 않는 까닭이다. 내장과 머리를 버린 대구를 한 켜로 쌓고 '간잽이'는 질 좋은 천일염을 삽으로 퍼서 끼얹는다. 다시 대구가 한 켜, 한 켜 올라가고 그때마다 엄청난 양의 소금이 대구 사이사이로 스며든다. 대구살이 소금을 먹어 수분을 내주면서 조금씩 단단해진다. 인간이 미처 다 알지 못하는 절임의 미학이 이루어지는 기나긴 순간들이다. '꾸득꾸득'하다고 해야 할까, 대구가 적당한 수분을 남기고 절여지면 비로소 바칼라, 그러니까 포르투갈 사람들이 바칼라우라고 부르는 이 천상의 해물이 완성된다.

이 절임 대구는 온갖 방법으로 요리한다. 차가운 물에 그대로 24시간 정도 담가 염기를 뺀 후 물기를 닦아내고 그대로 굽는다. 올리브유를 두른 팬에 대구를 올린다. 천천히 아주 낮은 불에 구워야 한다. 대구 껍질이 녹진해지도록. 짭짤한 소금 간이 속속들이 밴 대구가 갈색으로 구워지면 지중해의 올리브를 곁들여 내면 된다. 절여지고 발효된 대구 살의 풍미가 코끝에 스치면 당신은 참을 수 없는 식욕을 느끼게 될 것이다. 폭발하는 아미노산의 감칠맛이 마구 혀를 뒤집어놓기 때문이다.

구이도 좋지만, 절임 대구의 맛은 감자와 만나 최적의 궁합을 이룬다. 대구를 찬물이나 우유에 담가 소금 간을 뺀 후 절구에 넣어 으깬다. 찰진 찹쌀풀처럼 으깬 대구살에 역시 으깬 감자를 넣고 올리브유를 뿌려 양념한다. 좋은 소금을 만나 숙성된 절임 대구의 맛이 혀를 사로잡는다. 센스 있는 당신이라면, 포르투갈산 화이트와인 비뉴 베르드를 한 잔 곁들일 테지.

대구는 북유럽 사람들에게 매우 긴요한 식량이었다. 맛이 좋은 데다가 흔하다는 건 신의 선물이라 해도 좋았다. 바이킹은 남부 유럽 사람들보다 먼저 아메리카 대륙을 '발견'하고 드나들었다고 한다. 그들은 배에 말린 대구를 실었다. 긴 항해의 요긴한 식량이 되었음은 물론이다. 대구는 결국 전쟁도 불러왔다. 영국과 아이슬란드는 1970년대 중반, 대구 어장을 놓고 전쟁을 벌였다.

먹는 얘기가 많이 나오는 소설로는 《그리스인 조르바》를 빼놓을 수 없다. 물론 대구도 등장한다. 악마의 유혹에 빠지더라도 절인 대구 1킬로그램을 원하는 수도승의 태도를 보면, 대구가 얼마나 맛있는 생선인지 알 수 있는 대목이기도 하다. 얼큰한 대구탕 한 그릇이 간절한 해장의 나날들을 기억하는 건 물론 나 같은 이다.

지상에서

가장
경건한
식사법

할랄푸드

무슬림의 종교적 경건성은 굳이 그들 나라에 가지 않아도 알 수 있으리라. 서슬 퍼런 뉴욕 공항에서도 그들은 하루 다섯 번 기도 시간이면 바닥에 낡은 천을 깐다. 그리고 이마를 붙이고 메카를 향해 기도를 올린다. 나는 종종 그들의 단단한 두 발뒤꿈치에서 기도하는 이의 신념을 읽곤 한다. 중세 이후, 그들처럼 선명하고 심지 있게 영성의 태도를 현대까지 지키고 있는 신앙인은 별로 많지 않아 보인다. 그래서 이슬람 국가에 가면, 종종 오랜 시간을 거슬러 여행하는 듯한 착각에 빠지곤 한다. 심지어 두바이의 마천루 앞에서도 그렇게 믿어지곤 한다.

그들의 기도하듯 경건한 삶의 지도는 할랄과 하람의 두 나침반에 의해 방위각을 결정하는 것 같았다. 허용한다는 뜻의 할랄, 그리고 금기의 언어 하람. 뜻밖에도 말레이시아나 인도네시아 같은 이슬람을 믿는 아시아 국가의 패스트푸드점에 붙은 할랄의 표식은 욕망과 종교적 금욕의 세계를 연결하는 구름사다리처럼 보였다. '이 햄버거는 먹어도 된다.' 할랄의 표식이 뜻하는 그 엄중한 삶의 자장磁場을 이방인이 이해하기란 대단히 어려워 보였다. 그것은 단순히 금기시된 돼지고기나 알코올 성분이 들어 있지 않다는 뜻 이상의 이슬람적 세계관이었을 것이다. 그리하여, 그들에게 허용되는 양고기나 닭고기, 쇠고기조차 "비스밀라!알라의 이름으로"라고 외치지 않은 것은 불경한 존재에 불과한 것이니.

카타르의 패스트푸드점에서 만난 햄버거도 그랬다. 개당 2만 원이 넘는 충격적인 가격에 전율(?)할 틈도 없이 나는 햄버거 포장에 붙은 예의 할랄 마크에 눈길이 갔다. 건강이나 맛의 문제로 먹지 말아야 할 대상으로 몰린 패스트푸드와 할랄의 허용, 그 묘한 간극 사이에서 나는 섣큼 햄버거를 베어 물 수 없었다. 나란 이교도는 그렇게 모래사막 한가운데 있는 어떤 신기루 같은 도시의 패스트푸드점에서 바보처럼 앉아 있었던 것이다.

할랄 푸드와 수식手食은 강제된 것은 아니지만, 뫼비우스의 띠처럼 서로 교차점을 맞붙이고 있는 것 같다. 오직 오른손을 써서, 쌀과 소스를, 할랄의 고기를 꾹꾹 뭉쳐 먹는 온전한 수식은 지상에서 가장 경건한 식사법이다. 신이 주신 모든 먹을거리는 손을 통해 그 존재의 각성을 불러온다. 따뜻한 음식을 체온으로 집을 때 그것은 비로소 내 몸이 될 것이란 확신을 얻곤 한다. "귀 있는 자 듣고, 눈 있는 자 볼지어다", 성경의 그 추상같은 말씀처럼 이슬람에서는 이렇게 말할 것 같다.

"손 있는 자, 그대 손으로 음식을 집으라. 신이 거기 있으리라."

나는 유럽의 대도시에서도 수식手食 체험을 하곤 한다. 주머니가 헐거운 이들의 천국 이슬람 식당이 있기 때문이다. 유럽에서 주로 하급 노동자나 불법체류자 신분으로 일거리를 찾는 많은 무슬림들을 위한 뒷골목의 식당들이다. 그들은 나를 환영하는 것 같지는 않지만, 나는 오직 한 끼 식사를 위해 그곳에 들를 뿐이다. 그리고 그들처럼 수식을 한다. 다섯 손가락이 모두 다른 기능을 해야 하는 수식의 득도에 이르기는 멀었으나, 나는 배운다. 그리고 지구상에서 아마도 가장 오래된 문명이 전해준 음식을 먹는다. 그 음식도 물론 할랄이었을 것이다.

나는 신과는 그다지 친하지 못하지만, 수식을 하면서 자연과 음식의 존재의 근원에 조금 다가갈 수 있었던 것 같다. 할랄도 그러했다. 그건 아마도 종교 이전의 개념 같아서 의외로 쉽게 고개를 끄덕일 수 있었을지도 모른다. 불경한 것과 불결한 것은 내밀한 동의어일 수 있으니까.

이슬람의 땅에서 모든 지상의 고기는 성직자에 의해 할랄의 은총을 입는다. 비로소 먹을 수 있게 되는 건 그다음 과정이다. 그 현장에 가보지 못했으나, 전하기로는 도살도 정숙한 손인 오른손으로 하며, 도살 방법도 전래의 '인간적인' 수단을 써야 한다고 한다. 인간의 미각을 위한 생명의 박탈 행위조차 무덤덤한 공장식 자동화의 길을 걷고 있는 요즘, 그들의 덜 '진화된' 방식의 도살이 던져주는 의미는 남다르지 않은가. 페이스북의 창업자인 억만장자 주커버그가 직접 도살한 고기만을 먹는다는 뉴스가 떴다. 나는 그게 불편했는데, 오직 '이색 가십'으로 다루는 한국의 언론 때문이었다. 그가 왜 그런 방식으로 고기를 섭취하겠다는 시도를 하는지, 진지한 분석 따위는 아예 해볼 엄두도 내지 않는 우리들이란.

쓸쓸한

샐러리맨의
어깨

라멘

요리 솜씨라고는 김혜자나 고두심에게 맡긴 듯한 사람을 흔히 '라면도 하나 못 끓인다'고들 한다. 그러나 이게 바다를 건너면 요리의 한 마당을 이루는 것을 넘어, 장인의 세계로까지 우러름을 받기도 한다. 물론, 봉지를 뜯어 끓이기만 하면 되는 인스턴트 라면과는 좀 질이 다르기는 하다.

일본인들의 라면 사랑은 상상을 초월한다. 봉지 라면은 한국인이 더 많이 먹지만, 요리다운 한 그릇의 제대로 끓인 '라멘'은 이제 국민 음식의 반열에까지 올랐다. 전국 단위는 물론 각 현과 도시별로 해마다 각종 라멘 대회가 열린다. 수상하기만 하면 돈방석과 유명세에 동시에 오를 수 있는 까닭이다. 맛있다고 소문이 나거나 어디 수상 경력이 있는 라멘집에 가면, 주방장이 얼마나 콧대가 센지 고개를 바짝 쳐들고 있어서 아예 손님들을 콧구멍으로 맞이하는 형국을 보게 된다. 그래도 좋다고, 줄을 서는 것은 기본이고 라멘 그릇을 던져주면 감읍하는 표정들을 짓는 것이다.

일본은 원래 '우동'의 나라였다. 그러던 것이, 라멘이 우동을 완전히 밟고 서서 그 간격을 더욱 벌리고 있다. 우동의 자존심을 가진 사누키 지역에서조차 관광객들이나 우동을 먹지 현지인들은 라멘 가게에서 죽친다고들 하지 않는가. 우동의 밋밋하고 달콤한 맛과 달리, 자극적이고 입천장에 쩍쩍 붙는 그 감칠맛은 이미 대세를 가르고도 남는다. 비록 그 맛이 폭발하는 인공 글루타민산의 여진이라고 해도 말이다.

라멘의 일본 기원설은 1600년대로 거슬러 올라가지만, 대체로 전후에 유행하기 시작한 것으로 본다. 중국인들이 중화요릿집으로 진출하면서 시작되었고, 거의 동시에 제국주의 기간 동안 중국 대륙에서 요리를 배워온 일본인들의 라멘집도 번성하기 시작했다. 이후 라멘은 일본에서 하나의 전형을 이루게 된다. 후루룩, 값싸게 때울 수 있으면서 동시에 뼈 우린 국물의 높은 영양가에 복종했던 것이다. 메이지시대에 시작되어 도쿄올림픽을 전후하여 최고점에 다다른 영양 제일주의의 시대를 거치면서, 라멘의 높은 칼로리는 곧 영양으로 받아들여졌던 셈이다. 대부분의 일본 요리가 3대니 4대니 대를 이은 노포老舖를 자랑하는 데 비해, 라멘집들은 그런 호들갑이 없는 것이 바로 이런 라멘의 역사와 잇닿아 있다.

일본에 가서 라멘을 먹으면, 나는 도시의 불빛이 저무는 풍경과 쓸쓸한 샐러리맨의 어깨가 눈에 삼삼하게 그려진다. 일본인들이 라멘을 먹는 한 방법은 바로 해장용이다. 회식 등 저녁 술자리를 마친 회사 인간들은 여럿이 어울리거나 아니면 혼자서 출출한 배를 달래기 위해 라멘집에 들른다. 특이하게도 국물로 여간 배가 부르지 않을 텐데도 해장술은 생맥주를 곁들여야 한다. 도저히 궁합이 맞지 않을 것 같은 이런 조합을 당신은 어떻게 생각하는가. 어떻든, 제법 그들의 방법을 따라 하다 보면 묘하게 아귀가 물려가는 느낌이 있다. 뜨거운 라멘 국물과 시원한 생맥주가 입안과 뱃속에서 충돌한다. 나는 곰곰 궁리 끝에 이건 아마도 국토의 사면이 바다인 사람들의 특징이 아닐까, 그렇게 생각하게 되었다. 바다와 강물이 기어이 만나서 물상의 역사를 만들듯이 바닷물처럼 짠 라멘과 민물 같은 맥주가 만나는 것이야말로 자연스러운 인생의 흐름이 아닌가 짐작되는 것이다. 뭐, 미운 상사 배 터지라고 일부러 라멘집으로 우르르 몰려가는 것은 아닐 테고.

심지어는 온천장 호텔의 야간 '스나꾸 식당'에서도 사람들이 몰려 라멘과 생맥주를 마신다. 온천쯤 왔으면, 그 지역의 별미나 하다못해 온천물에 삶은 달걀인 온센다마고에 조용히 사케잔을 기울여야 그럴듯해 보이지 않을까. 나의 이런 생각을 그들이 알 리 없고, 여전히 유카타를 입고 "이봐! 나마삐루를 가져오라고!"

를 외치는 호기로운 아저씨들로 스나꾸의 밤이 깊어간다.

나는 이런 일본식 라멘 먹기가 일본 라멘의 스타일과 관련이 있다고 생각한다. 한국의 인스턴트 라멘은 국물이 연하다. 고기나 닭과 돼지의 뼈로 우린 두껍고 진한 국물이 아니다. 그러니, 뭔가 상쾌한 술을 곁들일 여지가 별로 없다. 그러나 라멘이라면 얘기가 다르다. 진하디진하며, 무엇보다 엄청나게 짜다. 라멘에 김치 같은 짠지나 다쿠앙을 먹지 않는 것도 아마 이런 이유일 것이다. 그러니 진하고 무겁고 짠 국물을 식혀주고 희석해줄 무엇이 필요하지 않을까. 일본인들이 사랑해 마지않는 맥주가 여기 등장하는 건 너무도 자연스럽다.

일본은 생각보다 훨씬 넓다. 도쿄를 중심으로 한 간토 지방과 오사카의 간사이 지방은 오랜 앙숙 관계다. 두 지역의 야구팀이 일본시리즈에서라도 만난다면 정말 열도가 들썩인다. 그러나 그 지역이 일본의 전부는 아니다. 규슈와 도호쿠, 홋카이도는 또 우습게 볼 일이 아닌 것이다. 이렇게 넓은 일본 땅인지라 라멘을 먹는 스타일도 내 눈에는 다르게 보인다. 제 속을 잘 보여주지 않는 도쿄 사람들은 라멘도 다소곳하고 새침하게 먹는다. 심야 라멘집은 혼자서 라멘 한 그릇과 맥주 한 잔을 곁들이는 감색 양복의 샐러리맨들이 많다. 그들이 라멘을 먹고 서류가방을 끼고 지하철역을 향해 흔들리며 걷는 뒷모습은 도쿄의 애수 이상의 무엇이 있다. 반면 오사카나 규슈 지방에서 보는 심야 라멘집은 좀 다르다. 후쿠오카 같은 곳에서는 아예 시내 나카스 천변을 끼고 늘어선 라멘 포장마차가 성시를 이루어, 쓸쓸한 도쿄의 서정 같은 건 발붙일 데도 없다. 왁자지껄하게 호객을 하고 라멘을 들이켜는 남부 지방다운 거칠고 질박한 염분이 공기 중에 가득 차 있다. 에잇, 뭐 욕설이라도 하면서 라멘과 생맥주를 먹어도 아무도 쳐다보지 않을 것 같은 여유가 넘친다. 후루룩! 다행히도 도쿄라 해도 라멘은 이렇게 호기롭게 먹을 수 있다는 사실이다.

하루키가
말하는

두부를
맛있게 먹는 법
세 가지

두부의 단순미

내 친구는 음식 평론을 해서 먹고산다. 그는 어떤 청탁이든 가리지 않고 소화하는 능력을 가졌다. 심지어 10여 종의 광천수먹는샘물의 블라인드 테이스팅까지 했다. "물이 무겁고 밀도가 높으며, 희미한 석회석 냄새, 미네랄 터치가 강하다." 뭐, 이런 식으로 열 가지 물을 분석하는 글을 썼으니까 말 다 했다. 그런데 뜻밖에도 두부는 사양이다.

"그걸 말이라고 하니. 어렵잖아. 두부 맛을 어떻게 평가해? 그 무심하고 덤덤한 맛을 각기 다르게 묘사할 방법이 없잖아."

무엇보다 그는 두부를 별로 먹어보지 못한 강력한 핸디캡을 가지고 있다. 생각해보라. 우리 시대에 다종다양한 두부를 맛볼 기회가 있었는지. 서너 가지의 슈퍼마켓용 두부와, 간혹 싼 밥집에서 만날 수 있는 무덤덤한 시장 두부가 고작이었으니까. 기억을 더듬어봐도 별달리 더할 게 없을 것 같다. 가리봉동의 진짜 중국식당에서 파는 '깐두부'^{건두부. 두부를 눌러서 말린 후 먹는다}나 주먹밥에 쓰는 유부가 고작 아닐까.

"아, 이 반가운 것은 무엇인가 / 이 히수무레하고 부드럽고 수수하고 슴슴한 것은 무엇인가"

유명한 백석의 시다. 그런데 두부에 관한 것이 아니라, 국수에 대한 시다. 그런데 이 시가 두부에도 그대로 적용될 수 있어 보인다. 부드럽고 수수하고 심심한, 그래서 오히려 심오하고 깊은 맛이 있는 두부다. 두부는 우리 옛 시절, 달걀과 더불어 현물 부조를 했을 정도로 친근하고 값어치 있는 식품이었다.

두부의 맛은 여러 가지로 표현될 수 있지만, 백석의 시를 끌어다가 '단순한 맛'이라고 쓸 수 있다. 단순해서 오히려 깊은, 깊어서 넓은, 넓어서 늘 새로운.

우리에게도 친숙한 만화 《맛의 달인》은 엄청난 양의 음식 관련 컨텐츠가 실려 있다. 치밀한 취재망에는 한국의 김치와 삼계탕은 물론이고 서양의 희귀한 음식까지 두루 망라되어 있다. 웬만한 요리사들이나 호사가들은 이 책으로 요리와 음식 재료 공부를 하고도 남는다. 그런데 이 만화가 첫 소재로 삼은 음식은 뭘까. 바로 두부다.

알다시피 이 만화는 한 신문사 문화부의 두 젊은 기자가 완벽한 메뉴를 찾아 대결을 벌이는 구조로 되어 있다. 그런데 바로 완벽한 메뉴 팀을 선정하는 데 쓴 음식이 두부와 물이다. 문화부의 골칫덩이 기자 지로는 두부와 물 맛을 기막히게 분석해내서 완벽한 메뉴 팀에 뽑힌다. 작가는 두부와 물이야말로 가장 단순해서 그 맛의 차이가 가감 없이 드러나는 재료로 보았다. 맞는 말씀이다. 두부 맛은 어떤 첨가를 해서 교묘하게 속일 수 없다. 그래서 두부 맛을 한 마디로 설명하라면 그냥 '두부 맛'이라고 해야 할지 모른다.

두부의 단순미는 하루키의 농담 속에서도 포착된다. 하루키는 한 잡지에 오랫동안 수필을 연재했다. 수필의 삽화 파트너가 있었는데, 두 양반이 허물이 없어서인지 늘 하루키는 그를 놀리는 글을 쓴다. 그가 그 삽화가 안자이 미즈마루를 괴롭히려고 꺼내든 카드가 곧 두부였다. 칼럼의 제목도 '삽화가 골탕 먹이기'. 그는 그를 골탕 먹인다는 취지로 두부 이야기를 꺼낸다. 신주쿠에 맛있는 두부 집이 있어서 한꺼번에 네 모나 먹어치우고 말았다고 쓴다. 그러면서 이렇게 두부를 설명한다.

"간장이나 양념 같은 것은 일체 치지 않고 그냥 새하얀, 매끈매끈한 걸 꿀꺽 하고 먹어치우는 것이다……."

그럴 것이다. 두부를 그렇게 꿀꺽 말고 어떤 방법으로 먹을 수 있겠는가. 삽화가가 그림을 그리자면, 순수한 두부의 면모를 어떻게 묘사할지 난감할 것이다.

한동안 나는 다이어트를 하려고 두부를 먹었다. 다른 식품도 있지만 고기를 먹지 않아도 단백질 보충이 되며, 위에 부담이 없고 칼로리가 낮은 두부가 제격이었다. 요리를 할 형편은 아니었으니, 그냥 냉장고에 사다 두고 생식을 했다. 그런데 일주일을 먹을 수 없었다. 이유는 그냥 '너무나도 맛이 없었기' 때문이었다. 하루키도 그 칼럼에서 탄식을 한다.

"최근에는 맛있는 두부가 자취를 감추고 말았다. 자동차 수출도 좋지만 맛있는 두부를 없애는 국가 구조는 본질적으로 왜곡되어 있다고 나는 생각한다."

그는 특유의 싱거운 농담풍의 칼럼을 즐겨 쓰는데, 이 대목은 그렇게 읽히지 않았다. 그가 정말 두부를 좋아하기 때문이다. 그는 저녁 식사에 밥 대신 두부를 즐기는 사람이다. 여담인데, 그가 이 칼럼을 썼을 때는 20년도 넘은 옛날이다. 그때 이미 일본의 두부가 맛이 없다고 탄식을 했다. 그런데 우습게도 최근 몇 년 사이에 나는 내 생애에서 가장 맛있는 두부는 거의 일본에서 먹었다. 하루키가 그렇게 맛없다고 투정 부린 두부가, 세월이 흘러서도 꽤 맛있는 상태로 남아 있었다고 해석된다. 우리나라보다 두부의 맛만큼은 대체로 훨씬 뛰어나다는 뜻일지도 모른다.

참, 그래서 삽화가는 어떻게 두부를 그렸을까. 그의 삽화는 선이 단순하고 소박한 스타일이다. 접시에 담긴 모두부와 젓가락을 그렸다. 단순하고 소박하고 슴슴한 괜찮은 두부 그림이었다. 아니, 두부를 그렇게 그리면 되지. 두부에 어떤 스펙터클이나 극적 긴장은 없으니까, 오케이!

내가 가장 최근에 최고의 두부를 맛본 것은 아주 우연한 기회였다. 서울 응암동에 사는 어느 직원이 출근길에 두부 한 모를 사온 거였다. 부드럽고 결이 살아 있는 촉감, 벽돌처럼 넉넉한 크기(거의 벽돌만 한 왕특대 울트라 슈퍼 크기에 단돈 1천5백 원이니 수입 콩으로 만들었을 테지만 그게 뭔 대수랴)에 입안을 가득 채우는 질감이 일품이었다. 간도 딱 맞아서 그냥 먹어도 무한정 들어갔다. 그래, 바로 이 맛이야. 오랫동안 잊고 있었던 모두부의 맛이 살아 있었다. 그 직원은 그 덕에 매일 두부를 두어 모씩 사다 나른다. 제대로 된 두부 맛을 아는 어른 직원들이 너도나도 두부를 시킨다.

하루키가 맛있게 두부를 먹는 법 세 가지를 말한 적이 있다. 좀 싱겁지만 두부의 정수가 들어 있는 얘기니 귀 기울여보자.

"우선 제대로 된 두부 가게에서 사야 한다(슈퍼는 안 된다). 사 가지고 오면 곧바로 그릇에 담아 냉장고에 넣어야 한다. 그리고 그날 안에 먹어야 한다."

모두 중요한 얘기지만, 세 번째 얘기가 제일 중요한 것 같다. 우리는 유통기한을 따지는 두부를 먹는다. 진열대에서 두부를 집어 들고 유통기한을 본다. 이런 두부가 맛이 있을 리 없다. 상품의 유통구조상 팩에 든 두부에서 맛을 기대하기 어려울 것이다. 밤새 만들어 새벽에 놋쇠로 만든 종을 울리며 우리 식탁에 올라온 두부라야 진짜 두부 맛을 낼 수 있으니, 아파트와 맞벌이, 도회 같은 우리 삶의 변경된 회로에서는 애당초 맛있기는 글 러버린 셈이다.

이탈리아에서 유학하던 시절에 두부를 본 적이 있다. 꽤 많은 중국음식점에서는 흔하게 두부를 보았지만, 현지인들이 다니는 슈퍼마켓에서 두부를 보고 깜짝 놀랐다. 더 놀란 건 그 가격이었다. 치즈와 나란히 놓여 있었는데, 어지간한 이탈리아 치즈보다 더 비쌌다. 수입 치즈가 한국시장에서 비싸듯, 그렇게 말이다. 두부는 치즈와 같은 음식이다. 동·식물성이라는 태초의 물성만 다를 뿐, 만드는 법이나 영양이나 상당히 유사하다. 나는 영양에 있어서 동양우월주의 같은 생각은 가져보지 않았지만, 두부가 치즈보다 여러모로 나은 식품이라는 생각은 든다. 값이며, 낮은 염도와 콜레스테롤 같은 건강의 문제는 물론이다. 무엇보다 어린 동물의 먹이(젖)를 대신 먹는다는 생각에서의 자유로움이 한몫한다.

하루키라면, 두부에 관한 글은 이렇게 맺을 것 같다.

"어찌 됐건 두부야 고맙다. 여러분, 맛있는 두부를 만드는 집이 있으면 격려해주세요."

3부

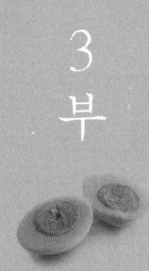

참새 머리의 맛

김승옥

〈서울, 1964년 겨울〉

"서울은 모든 욕망의 집결지입니다. 아시겠습니까?"

—김승옥, 〈서울, 1964년 겨울〉

 내가 소설을 쓰겠다고 대학에 들어가서 첫 번째 느낀 열등감은 김승옥과 관련된 것이었다. 말하자면, 김승옥의 소설을 읽은 사람과 그렇지 않은 사람이라는 명백한 분절이 그 대학 문예창작과에 있었다. 나는 물론, 읽지 않은 축에 속해 있었고 술자리에서 김승옥이 거론되면 마치 읽은 것처럼 시치미를 떼고 있다가 밤새 김승옥을 들여다보곤 했었다. 김승옥을 모르고는 도대체 문청들 사이의 술자리에 앉아 있는 건 가시방석이었으니까 말이다.
 기이하게도, 나는 '감수성의 혁명'이라는 김승옥 소설의 도저한 흐름을 붙잡지 못했다. 그저 그의 소설에서 묘사되는 거친 에

칭 같은 시대 풍경이 더 가슴에 와 닿았다. 〈서울, 1964년 겨울〉도 그런 소설 중의 하나였다.

> 1964년 겨울을 서울에서 지냈던 사람이라면 누구나 알고 있겠지만, 밤이 되면 거리에 나타나는 선술집—오뎅과 군참새와 세 가지 종류의 술 등을 팔고 있고, 얼어붙은 거리를 휩쓸며 부는 차가운 바람이 펄럭거리게 하는 포장을 들치고 안으로 들어서게 되어 있고, 그 안에 들어서면 카바이드 불의 길쭉한 불꽃이 바람에 흔들리고 있고, 염색한 군용軍用 잠바를 입고 있는 중년 사내가 술을 따르고 안주를 구워주고 있는 그러한 선술집에서, 그날 밤, 우리 세 사람은 우연히 만났다. (중략) 자기소개는 끝났지만, 그러고 나서는 서로 할 얘기가 없었다. 잠시 동안은 조용히 술만 마셨는데, 나는 새카맣게 구워진 참새를 집을 때 할 말이 생겼기 때문에 마음속으로 군참새에게 감사하고 나서 얘기를 시작했다.

그러니까, 나는 실제 서울의 거리에서 '오뎅과 군참새와 세 가지 종류의 술 등을 팔고' 있는 포장마차 내지는 선술집을 찾고 싶었다. 80년대 후반쯤의 어느 시절이었다. 몇 차인지 알 수 없는 술자리를 정리하고 비척거리며 집으로 가던 내게 비친 건 누런 간유리창에 '오뎅 참새 정종'이라고 씌어진 메뉴판이었다. 소설 속처럼 차가운 바람이 씽씽 부는 겨울 광화문 일대 어디쯤이

었다. 아마도, 알코올 70%쯤 되는 주취 상태의 망막이라 그 정경이 분명한지는 모르겠다. 나는 드르륵, 아귀가 안 맞는 미닫이 유리문을 열고 귀신처럼 그 술집으로 들어서고 있었다. 파장 시간이 다 되어선지 주인 아낙은 오직 가게 안에 구겨져 있는 술걸레들을 얼른 해치워야겠다는 일념으로 가득 차 보였다. 술주정을 건성 받아치며 뭔가를 혼자 구시렁거리고 있었다. 그녀는 나를 빤히 올려다보고는 '이걸 받아 말아' 하는 표정을 잠시 짓더니 턱짓으로 앉을 자리를 지정했다. 그러고는 내게 "참새하고 정종 줄까" 하고 말했다. 나는 진작에 그 메뉴를 고를 심산이었지만, 그녀는 다른 메뉴 따위는 아예 시킬 생각도 말어, 하는 것 같았다. 나는 고개를 끄덕이고 자리에 앉아 비로소 가게 안을 둘러볼 수 있었다. 내 자리는 옹색하게도 입구를 등지고 있는 의자 두 개짜리 소탁이었다. 그나마 한쪽 의자 옆에는 분홍색 공중전화가 있어서 누군가 전화를 건다면 몸을 비스듬히 기울여야 상대방과 대작이 가능할 빌어먹을 자리였다. 좁은 술집이었지만, 안쪽에 너른 사인용 탁자가 있었을 것이다. 하지만 주인여자는 혼자 들른 내게 그런 자리를 주고 싶지 않았을 터였다.

술이 확 깨게 놀라운 광경은 그때 일어났다. 명명하자면 광화문 통 물리학 실험실이 열렸던 셈이다. 참새 굽는 연기인지, 담배연기인지 자욱한 연무를 뚫고 어떤 아낙이 누런 주전자를 들고 내게 다가왔다. 홀 가운데에 놓여 있던 석유난로 위의 주전자였다. 그 주전자 안에는 무언가가 끓고 있었는데, 아낙은 탁, 하고 소리 나게 사기컵을 내 탁자에 올려놓고는 그 주전자 주둥이를 잔에 밀어넣었다.

그러고는, 눈 깜짝 할 사이에 주전자를 허공으로 한껏 치켜 올렸다. 나는, 이 여자가 무슨 마술을 하나 하고 어안이 벙벙했다. 주전자 안에서 뜨거운 액체가 폭포수처럼 잔에 쏟아졌다.

더 놀라운 것은 정확하게, 너무도 완벽하게 사기컵 용량 100%의 정종, 아니 청주가 따라졌다는 사실이었다. 맹세코 단 한 방울의 술도 넘치거나 모자라지 않게 가득 찼다. 아줌마, 술이 적네, 또는 왜 아까운 술을 흘리느냐는 식의 술꾼들 잔소리를 원천봉쇄하는 아름다운 솜씨였다. 그녀가 얼마나 완벽한 기술을 선보였는지는 그 술집에서 30분만 앉아 있으면 알게 된다. 모두들 그 술을 마시느라 넙죽넙죽 절을 해야 하기 때문이다. 잔을 손에 들었다간 아까운 술이 쏟아지므로 먼저 고개를 숙여 눈과 잔 끝을 맞춰야 한다. 그다음에 입술을 잔에 가져가 흐릅, 하고 술을 조금 마셔야 원활하게 음주가 가능한 시스템이었다. 자연스럽게 절을 하는 모양새가 되고 마는.

더운 청주는 잔의 끝에 일치하도록 따른 게 아니라, 물리적 한계까지 더 담아져 있었다. 그걸 우리는 일찍이 표면장력이라고 부른다는 사실을 그 주취의 밤에도 나는 떠올렸다. 초등학교 자연 시간, 실험조의 당신 짝이 눈을 부릅뜨고 만들던 그 표면장력

말이다. 나는 청주잔 표면을 마치 초등학생처럼 손가락으로 찍어 누르며 장력을 몸소 체험했다. 아아, 놀라워라. 넘칠 듯 넘치지 않는 청주는 탱탱한 탄력을 보이며 내 손가락의 움직임에 따라 아래위로 움직였을 뿐, 한 방울도 넘치지 않았다. 만화《신의 물방울》에 나오는 천재 소믈리에의 디캔팅질이 이것만 하랴. 나는 그 여자의 신기의 솜씨—적어도 생활의 달인 연말 결선에 나올 만한—에 탄복했다. 내 친구가 '서울 바닥에 파는 참새는 대부분 병아리나 메추리 새끼다'라고 했던 폭로가 사실이었다고 해도 좋았다. 병아리면 어떠랴. 주인아줌마가 밤이면 몰래 서울시청 옥상의 비둘기 둥지에서 갓 깨어난 비둘기 새끼를 집어 온들 어떠랴. 그 표면장력의 미학을 몸소 체험한 것만으로 그 밤의 음주 만행은 아름다운 추억이었다.

그날 나는 어떻게 병아리, 아니 참새구이를 먹었는지는 잘 기억나지 않는다. 표면장력의 신비 체험에 너무 압도되었던 까닭이다. 사실, 참새구이는 나 같은 서울 변두리 인생에게는 그다지 새로울 게 없는 요리였다. 어디나 그랬겠지만 내가 살던 동네에도 기다란 공기총을 둘러멘 참새 사냥꾼이 야산에 늘 있었다. 푸른빛이 도는 납탄을 약실에 재고 공기총을 두어 번 꺾어 공기를 압축하고 빵! 하고 쏘는 그런 유치한 총이었다. 토끼가 맞으면 엉덩이를 한 번 쓱 문지르고서 사냥꾼을 한 번 노려보고 제 갈 길 간다는 말이 나올 만큼 위력이 없는 총이 많았다. 잘은 몰라도 공기 압축 장치가 낡아서 그럴 터였다. 그래서 참새나 사냥하면 딱 맞는 그런 총이었는지 몰랐다.

참새 사냥꾼은 참새를 잡으면 실에 꿰어 허리춤에 차고 다니며 멋을 부렸다. 사실, 참새는 떼로 몰려다니고 워낙 수효가 많았으니 사냥했다기보다 대충 쏘면 한 마리는 떨어졌다. 그런데 재미있는 건, 머리통을 맞아 떨어진 참새는 사냥꾼이 그닥 탐탁하게 생각지 않는 점이었다. 상식적으로 머리통을 맞춰야 한 점의 살이라도 더 먹을 게 있을 것 아니냐, 그게 당연한 생각이었는데 말이다. 그걸 나는 나이가 들어 그 광화문의 참새집이었는지, 〈서울, 1964년 겨울〉처럼 포장마차였는지 기억이 잘 나지 않는 상황에서 알게 됐다.

"참새는 머리가 일미지."

그리고 선배는 참새 머리를 입에 넣고 우드득, 씹었다. 두개골 파열음이 앞에 앉은 내 귀에도 생생하게 들렸다. 우적우적 씹어 삼키고 나서 선배는 정종을 쭈욱 들이켰다.

"왜 머리가 일미냐……."

선배는 뜸을 들이고는 씨익 웃었다.

"골이 제맛이기 때문이지."

선배의 말을 종합 정리하면 이렇다. 참새는 모기만큼이나 뜯어먹을 살이 없다. 결국 머리가 그나마 먹을 게 있는데, 따뜻하게 데워진 골이 일미다. 원래 어두일미라고도 하지 않느냐. 마장동에 가봐라. 술꾼들이 소 골 안주 서로 차지하려고 싸운다. 대충 이런 거였다.

나는 선배를 따라 참새 머리를 씹었다. 너무 타서 쓴맛이 났지만, 씹으니 고소한 '무엇'이 혀에 닿았다. 그것은 생명의 원형질 같은 거였다. 단순히 단백질과 지방과 수분의 조합이라고 말할 수는 없으리라. 내가 씹은 그것이 참새가 아니라 메추리 새끼였다고 하더라도 달라질 것은 없었다. 작고 따뜻한 몸 위에 붙어 있던 공깃돌만 한 머리가 파삭, 어금니에 부서졌다.

식으면
굳어요,

쭉 내세요

김훈

《남한산성》

(정묘년) 봄에 임금은 강화성에서 나왔다. 임금은 성문 앞에 쌓은 제단에서 적장을 맞아 형제의 나라가 되기를 맹약하고 흰 말과 검은 소를 잡아서 피를 뿌려 하늘에 고했다. 적들은 임금에게 말 피를 마셔서 하늘에 고한 약속을 몸속에 모시라고 요구했다. 놋사발 속에 식은 말 피가 선지로 엉겨 있었다.

—김훈, 《남한산성》

신하들은 인조가 상중이라는 핑계로 말 피를 마시지 않기를 간청했고, 다행히 먹지 않고 그 치욕적인 항복 의식을 마무리 지을 수 있었다. 임금이 말 피 한 대접을 먹지 않았던 건 천만다행한 일인 것 같다. 아마도 인조는 수염을 기르고 있었을 터인데, 입가를 흐르던 말 피가 수염을 타고 뚝뚝뚝, 흐르는 장면은 꽤 엽기적이었을 테니까. 또 그 때문에 더 수치스러운 일이 아니었을까 싶기도 하고.

엽기적인 동물의 피라면 역시 사슴 피가 으뜸이다. 오래전의 기억이지만, 어떤 선배의 체험담은 뇌리에서 지워지지 않는 올컬러 영상으로 남아 있다. 그는 우연히 지인의 사냥에 따라나섰다고 한다. 원래는 노루라도 한 마리 잡으려는 요량이었는데(그것도 밀렵으로) 실패하고는 숙소로 돌아왔다. 원래 프로그램이었는지, 아니면 갑작스런 제안이었는지는 모르지만 그들은 숙소 인근의 사슴 농장으로 갔다. 농장 주인은 사슴을 잡아 목을 딴 후 콸콸 흐르는 피를 대접에 받아 일행에게 돌렸다. 그때 농장 주인의 대사가 이랬다.

"식으면 굳어요, 쭉 내세요."

그러니까 핏빛의 자극적이고 충격적인 영상에 명대사 한마디가 잊히지 않는 것이다. '내세요'란 말은 '빨리 마시라'는 뜻일 텐데 꽤 멋진 이 우리말이 엽기의 수식어가 되니 영 찜찜하기만 했다.

그렇다. 피는 공기 중에 노출되면 굳는다. 그걸 이용한 대표적인 음식이 사슴 피 칵테일이 아니라 바로 선짓국이다. 저 전설적인 청진동의 선짓국 한 그릇 안 드신 서울의 중년 아저씨들이 어디 있을까. 밤새 고고장(디스코텍의 원조. 조승우와 신민아가 연기했던 〈고고70〉이라는 영화를 떠올려보시라)이나 디스코텍에서 놀고 난 청춘의 갈망은 바로 청진동까지 이어졌다. 늦은 술자리가 새벽까지 이어지면 또 마무리 입가심으로 소주잔을 기울이는 공식으로 청진동을 찾곤 했다. 얼마나 오래 끓였을까, 골다공증의 흔적처럼 구멍이 숭숭 뚫린 소뼈에 콩나물과 시래기가 들어간 그 선지해장국은 화학조미료 때문인지 깔깔한 입맛 때문인지 아리기 짝이 없었고, 그 시린 입에 찬 소주 한 잔을 털어 넣으면 새벽이 부옇게 밝아오곤 했다. 그때쯤 박노해 시로 만든 "새벽 쓰린 가슴 위로 찬~ 소주를 붓는다"는 노래 구절을 흥얼거리던 386들도 청진동에서 통증 강한 술자리의 최후를 장렬하게 맞기도 했다. 정말로 쓰린 속에 찬 소주를 부으면서 말이다.

선짓국 잘하는 집은 전국에 많을 텐데 나는 대구의 어느 집을 잊지 못한다. 대구 사람들은 다 알고 있을 앞산 밑의 대덕식당이 바로 그곳이다. 내 누이는 그 근처에서 신혼살림을 하고 있었고, 군에서 휴가 나와 처음으로 누이를 만나러 갔다. 대구역에서 택시를 잡아탔다.

"아저씨, 앞산 대덕식당 쪽으로 가주세요."

"소핏국 하는 집예?"

"네? 뭐라구요?"

대구 사람들은 선짓국이라고 하지 않고 소핏국이라고 부른다는 사실을 그때 알았다. 대구 사람 특유의 직설화법이란 게 이런 건가. 하긴 역 앞에 늘어선 택시에 대고 나는 "이 차 갑니까?" 하고 물었고, 그 아저씨는 무뚝뚝하게 이렇게 말했었다.

"타소."

그렇지. 타면 되지 뭔 말이 그리 필요한가. 나는 그때 대구 사나이들의 그 말투가 꽤 맘에 들었다. 나는 누이 집에서 머무는 동안 그 식당에 들러 선짓국, 아니 소핏국 한 그릇을 먹었다. 거대한 가마솥에서 펄펄 끓는 그 소핏국은 맛이 진했고, 입에 오랫동안 짭짤하고 비린 헤모글로빈의 맛을 남겼다.

군병들은 굶어 죽은 말의 시체를 응달에 펼쳐놓고 얼렸다. 말의 시체는 얼고 녹으면서 썩어서 먹을 수 없었다. 순청 마당에서 군병들은 갓 죽은 말과 곧 죽을 말을 살폈다. 굶어 죽은 말은 사지가 앙상했으나 대가리와 내장에는 뜯어먹을 것이 있었다. 군병들은 도끼로 말의 사지를 끊어냈다. 대가리를 뽀개고 내장을 발라서 가마솥에 삶았다. 말 누린내에 고양이와 개들이 몰려들었다. 성첩에서 내려온 군병들이 뜨거운 국물에 조밥을 말아 먹고 말뼈를 뜯었다.

훈족과 몽고족의 유럽 침공은 유럽으로서는 그야말로 끔찍한 경험이었다. 유럽에서 이민족이란 원래 저 북쪽의 바이킹이나 노르만을 뜻했다. 보통 수많은 유럽 족속 간의 전쟁은 기본적으로 점령전이었다. 영토를 점령하면, 마구잡이 살육이나 약탈과

방화는 자제해야 했다. 민심을 극단적으로 만들어서는 통치가 불가능했을 것이고, 점령한 땅은 자기 땅이 되므로 그것을 회복 불가능의 상태로 만들 필요는 없었기 때문이었다. 그런데 훈족과 몽고족은 이런 점령전을 펼치지 않았다. 대신 그 도시나 거점이 되살아나 반격하는 것을 방지하기 위해 초토화 전술을 썼다. 모든 가옥과 식량은 불태우고, 사람은 도륙했다. 소설《남한산성》에도 청의 병사들이 피난 가는 아이들을 잡아채어 강바닥에 던져 죽이는 이야기가 나온다.

훈족과 몽고족이 지나간 자리는 아스라한 연기 외에는 아무것도 남아나지 않았다. 오죽하면 유럽의 어머니들은 우는 아이들에게 훈족의 왕 아틸라가 온다고 말함으로써 울음을 그치는 효과를 얻어냈을까. '곶감'이나 '망태 할아버지' 같은 거였다.

훈족과 몽고족은 병참이 거의 필요치 않았다. 기병으로 이루어진 군대는 자기 먹을 것을 알아서 챙겼다. 그들에게 말린 말고기는 귀중한 전투 식량이었다. 말고기는 생각보다 부드러웠고, 높은 에너지를 공급했다.

나는 뜻밖에 말고기 세례에 빠져 지낸 적이 있다. 이탈리아에 머물던 시기에 광우병 파동이 터졌던 것이다. 그것은 야콥슨 알츠하이머인지, vCJD크로이츠펠트-야콥병인지 뭔지 암호 같은 이름으로 언론에 오르내렸지만 시민들은 그냥 '미친 소', 그러니까 이탈리아어로 '무카파차mucca pazza'라고 부를 뿐이었다. 우리도 그냥 광우병이라고 부르듯이. 광우병에 걸린 소녀가 나타났고, 시장에서 쇠고기 소비는 뚝 끊겼다. 맥도널드에서조차 돼지고기 햄버거를 팔았다. 돼지고기뿐만 아니라 평소에 그다지 널리 팔리지 않던 육류가 인기를 얻기 시작했다. 말고기가 바로 그것이었다. 이탈리아는 원래 말고기를 먹는다. 그러나 대중적인 것은 아니었다. 그러던 것이 슈퍼마켓의 진열대에서 쇠고기를 밀어내기에 이르렀다. 식당도 말고기 스테이크에 말고기 카르파치오육회를 만들어 팔았다.

말고기는 뜻밖에도 몹시 부드러웠다. 숙성시키지 않은 고기인데도, 칼을 대면 스르륵 썰렸다. 그 부드럽다는 송아지 안심보다 더 연했다. 폭발적인 질주를 담보하는 울퉁불퉁한 다리 근육이라면 모를까, 안심과 등심은 너무도 부드러워서 '말고기에 도대체 무슨 짓을 한 거야' 하고 외치고 싶을 지경이었다. 그렇지만 말고기는 특유의 냄새가 났다. 별다른 양념을 하지 않는 이탈리아식 고기 요리법은 이 냄새를 어쩌지 못했다. 만약 말고기가 그 부드러움에 냄새까지 나지 않았다면 사람들은 말젖으로 만든 치즈를 먹고 살았을지도 모를 일이다.

진짜
민어를

보긴
보았소?

박완서

《그 남자네 집》

살을 발라내고 남은 뼈와 살까지 합치니까 큰 냄비로 하나 가득했다. 곰국을 끓일 때나 쓰는 큰 솥에다 애호박 썰어 넣고 고추장 풀고 끓인 민어찌개 맛은 준칫국과는 또 다른 달고 깊은 맛이 있었다. 민어찌개 끓일 때는 보리고추장을 써야 하고, 회 먹을 때는 쓰는 초고추장은 찹쌀고추장으로 만들어야 하고, 민어구이는 연탄불에 굽지 말고 숯불을 피워서 양념장을 발라가며 반짝반짝 윤기가 나게 구워야 한다는 (하략)

— 박완서, 《그 남자네 집》

박완서 소설의 주인공은 시댁이 철마다 치르는 미식 행사랄까, 음식 추렴에 진절머리를 낸다. 그깟 민어가 아무리 맛있어봐야 민어일 테지. 소설 속의 새댁은 아마도 작가의 어릴 적 분신은 혐오의 기분까지 한껏 내비치고 있었다. 그래서 아무리 맛있는 민어를 먹은들 그게 민어 맛 이상도 이하도 아니지 않느냐는 한탄을 하고 있었던 셈이랄까. 나는 그런 선생의 태도에 동의하며 책장을 넘겼더랬다. 그러면서도 생생하게 묘사되는 민어 복달임이나 민어 요리법은 어쩔 수 없이 군침을 삼키게 했다. 그것은 어쩌면, 민어의 맛이라기보다 작가의 입담이 더 좋았던 까닭인지도 모르겠지만.

    나는 기괴한 요리 재료만 다루는 엉뚱한 요리사이자 식당 주인인 C를 떠올렸다. 그는 아마도, 전국의 모든 산지의 전문 수집상들과 네트워크를 맺고 있는 것 같았다. 그의 휴대폰이 우르릉, 울면 그는 아, 김사장! 따위의 감탄사를 지르면서 전화를 받았다. 흥흥, 그래? 그놈들이 나타났다는 거지? 폭력배 두목처럼 그는 보고를 받았다. 철마다 오르내리는 회유성 어류들의 길목을 지키고 있는 선장들의 전화를 받는 것이 그의 중요한 일이었다. 감성돔이 오르내리면 그는 녹동 언저리의 선장의 전화를 받았다. 여름 갑오징어 떼가 하얗게 바다에 풀리면, 그는 낚시로 잡은, 거인의 샌들만큼 큰놈들을 특별히 받아냈다. 언젠가 그가 한여름에 남해안에서 들고 온 아이 머리통만 한 굴딱지에 사람들은 입을 쩍 벌렸다. 진짜 굴 맛은 여름에 보는 것이야. 그는 굴 칼로 딱지를 벌려 주먹 크기의 굴을 파내며 말했다. 진짜 여름에 굴이 더 맛있는지는 중요하지 않았다. 그가 봄이나 가을이라고 얘기했더라도 그것은 그냥 진리였다. 바닷속에 사는 생물들에 관한 한 그는 권위가 있었다. 굴에서 염도 높은 여름 바다 냄새가 훅 끼쳐왔다.

믿어도 그의 손아귀에 있을 것이다. 장마나 태풍이 와도 녀석의 수족관에는 괴물이 늘 들어앉아 있었으니까. 빨래판처럼 거대한 자연산 광어라든가, 하다못해 주먹 크기의 전복이라도 수족관 창에 들러붙어 있었다. 아무나 C의 흉내를 낼 수는 없었다. 바닷속이란 누구도 알 수 없는 미지의 세계이기 때문이다. 저 바다 밑, 푸른 파도 아래 심해의 일을 우리가 어찌 알랴. C는 자신이 구한 해물 요리를 비싸게 받았다.

"누구든 축산시장에 가면 좋은 고기를 구할 수 있지. 푸른색 등급 도장을 받고 잘 정돈된 살코기가 냉장고에 들어 있지 않은가. 우리는 그냥 손가락으로 그 고깃덩이를 가리키면 된다네. 그러나 바다 한가운데 나가 검푸른 바다를 가리켜보게나. 누구도 당신들에게 생선을 내주지는 않지."

나는 그가 궤변을 늘어놓는다고 느꼈지만 표시를 낼 수는 없었다. 그의 표정은 단호했고, 바닷속의 입체적 깊이와 호구戸口를 꿰고 있는 사람의 권위가 느껴졌기 때문이다. 그는 크고 귀한 생선이나 해물을 자신의 수족관에 들어오게 하는 법을 알고 있었다. 최고급 호텔의 구매 담당도 그에게는 뒷줄로 밀리기 일쑤였다. 그는 뚝심 있는 거래처였고, 무엇보다 전국의 선장들과 도매상들을 뚜르르 꿰는 강력한 카리스마가 있었다. 마치 우럭의 거죽처럼 검고 윤기가 흐르는 얼굴과 아귀처럼 단단한 턱, 민어의 눈처럼 붉게 충혈되어 부리부리한 눈빛에 기가 죽지 않는 이가 드물었다.

C와 여름 복달임으로 민어를 추렴하기로 한 것은 얼떨결에 이루어진 약속이었다. 아직 이른 초여름, 누군가 술자리에서 민어 복달임을 다부지게 했던 자랑을 늘어놓았다. 술자리에 참석하고 있었던 C는 씩 웃으며 "진짜 민어를 보긴 보았소?" 하고 물었다. 파장이 다 되어 김빠진 술맛처럼 밍밍하던 술자리에 아연 팽팽한 긴장이 흘렀다. 다들, '그래 C의 민어를 한번 먹어보자'는 결기가 가득했다. 잊고 있었던 그날의 약속은 C가 불쑥 내게 전화를 걸어오면서 상기됐다. 한 달은 일찍 시작된 폭염 탓이었다. 그는 전화기 너머에서 침착한 목소리로 말했다.

"날씨가 더우니 바닷물도 일찍 뒤집어졌답니다. 오늘 수산시장에 가봅시다. 자정에 만나시지요."

> 나는 단골 생선가게로 직행했다. (중략) 장수가 긴 막대 끝의 갈고리로 아가미 있는 데를 콱 찍어서 반쯤 들어올려 보여준 민어는 어마어마하게 큰 생선이었다. 아가미 속엔 시뻘건 점액질의 진이 흐르는 듯했고 눈도 붉게 충혈돼 있었다.

C의 차를 얻어 타고 올림픽대로를 달리자 멀리서 오징어 집

어등처럼 환하게 불을 밝힌 수산시장이 시야에 들어왔다. 술꾼들을 태운 택시들과 늦은 귀가의 승용차들이 필사의 속도로 내달리며 소음을 뱉어냈다.

수산시장에서 어리숙하게 행동했다가는 경을 치게 된다. 특히 자정 무렵부터 새벽까지 이어지는 경매 시간에는 생선 궤짝에 치여도 사과 한마디 얻어들을 수 없다. 그게 선수들이 우글거리는 생존 현장의 룰이었다. 고등어와 오징어 같은 서민 생선들이 얼음 속에 매장된 궤짝들이 산처럼 쌓여 있었다. 그는 무심한 표정으로 그 틈을 천천히 걸었다. 그는 어느새 장화로 갈아 신고 있었는데, 수산시장에 도매상 하나쯤 가지고 있는 사람처럼 그는 여유로웠다. 그는 경매사들의 마이크 소리가 시끄러운 경매장을 흘긋, 보더니 난전에서 작은 문어 한 마리를 샀다. 그러고는 수산시장 지하의 식당으로 나를 안내했다.

"아직 경매가 이르오. 속이나 덥힙시다."

소주를 두어 병 비우고 시간이 꽤 흘렀다 싶었다. 그는 다시 경매장으로 나를 이끌었다. 민어 경매가 막 시작될 참이었다. 좀 과장해서 어린애 손톱만 한 크기의, 이무기의 그것 같은 커다란 비늘을 달고 있는 거대한 민어들이 시멘트 바닥에 늘어섰다. 손가락을 연신 펴 보이며 경매를 하는 경매사들 사이로 그는 구경꾼처럼 돌아다녔다.

"오늘 대물이 별로 보이지 않는군요. 쓸 만한 녀석들은 산지에서 바로 채가는 사람들이 워낙 많아서."

그는 양미간을 찌푸렸다. 그러나 그 역시 산지에서 귀물들을 찍어 올리는 꾼이었다. 그의 시들한 표정에도 제법 실해 보이는 민어가 눈에 띄었다. 민어는 잡혀 올라오면 오래 버티지 못하고 금세 죽어 버리는 경우가 많다. 사람들은 그걸 '성질이 급해서'라고 표현한다. 고등어나 멸치 같은 생선도 그렇다고들 말한다. 정말 성질 급한 생선이 먼저 죽는 걸까. 잡힌 후에도 좀체 죽지 않는 조개는 성질이 아주 느긋한 걸까. 하긴, 조개가 수관을 발처럼 느긋하게 내밀었다가 거둬들이는 동작을 보면 느긋하다고 밖에 표현할 방법이 없긴 하다.

허옇고 두터운 가죽, 붉게 충혈된 눈, 촘촘하고 억세 보이는 이빨이 민어의 모습이다. 살아 있는 민어의 모습을 본 적이 없으니 녀석이 바닷속에서 어떤 모습으로 헤엄치고 노는지 알 수 없었다. 그때 우리가 보고 있던 민어는 어쨌든 몇 시간 전, 어느 어부의 낚시나 그물에 걸리기 전까지는 다른 모습을 하고 있었을 것이다.

고기가 사후 경직이 일어나듯 생선도 그렇다. 붉거나 푸르거나 선명한 색채의 몸통 빛이 서서히 사라지고, 산소 부족으로 청색증이 돌듯이 사악하고 창백한 푸른 기운이 돌기 시작한다. 그것은 그로테스크하기까지 하다. 생명이 사라지는 과정이다. 요리는 생명을 위해 복무하지만, 그 재료는 아이러니하게도 생명에서 얻는다. 육식하는 사람의 태생적인 딜레마랄까, 번민은 그렇게 시작될 것이다.

나는 민어의 붉은 눈과 코끼리 가죽 같은 피부 빛깔을 보면서 그 묘한 부조화에 호기심이 일었다. 피돌기가 멈춘 몸통은 푸른빛을 띠는데, 눈은 어떻게 충혈된 것처럼 붉게 보일까. 차가운 피를 가진 생선의 숙명일까.

그런 생각을 하고 있는데, C가 내 어깨를 툭, 쳤다. 그는 시장 구경 잘했느냐고 물었다. 수산시장이 물개쇼장도 아니고, 요리사인 내가 뭘 새롭게 구경할 게 따로 있겠나 싶었지만 고개를 끄덕여주었다. 민어 경매는 빠르게 끝났다. 대물이다 싶은 것들은 금세 임자를 찾아 사라졌고, 작아서 마릿수로 박스에 담겨진 것들만 중간도매상들의 손을 기다리며 경매장 한 켠에 쌓여갔다. 그는 민어를 사지 않았다. 그러고는 전화를 기다리라고만 말했다.

시어머니가 그 늠름하고 잘생긴 생선을 어떻게 요절을 내는지 흥미진진하게 지켜보았다. 대가리를 자르고 뱃속에서 조심스럽게 알과 부레를 꺼내는 걸 보면서 (중략) 시어머니는 두 주머니의 기다란 알이 다치지 않도록 채판 위에 눕히고 소금을 뿌렸다. (중략)

"저게 군내 안 나고 윤기 있게 말라 어란이 되기만 하면 오늘 이 민어는 거저 먹는 거나 마찬가지란다. 명월관이나 국일관 같은 고급 요릿집에서 어란은 최고로 비싼 술안주라는구나. 피리창처럼 얇게 썰어서 접시에다 펴놓고 몇천 원씩 받는다니까."

 C에게서 전화가 걸려왔다. 그날의 멤버들이 모두 모였고, 모두 C의 민어가 도대체 어떤 놈일까 궁금해서 목을 빼고 앉아 식전에 나온 해물 나부랭이를 지분거리고 있었다. C가 주방 식구의 도움을 받아 참치를 해체하는 커다란 도마에 생선 한 마리를 얹어서 멤버들 앞에 섰다. 사람들은 감탄 대신 탄식에 가까운 신음 소리를 누가 먼저랄 것 없이 끙, 하고 뱉었다. 생각보다 그리 크지 않은 민어였던 까닭이다. C라면, 1미터가 넘는 도마가 모자라 머리 두엇쯤은 더 튀어나올 만큼 큰 대물을 구해올 것이라 다들 믿었으리라. 좌중의 실망의 탄식을 C는 아는지 모르는지 민어의 커다란 머리만 쓰다듬고 있었다.
 "민어라고 다 민어가 아니지요. 임자도에서 낚시로 올린 민어요. 산지에서는 뻘민어라고도 하지요."
 임자도는 목포 앞바다에 바둑돌처럼 흩어진 여러 섬 중의 하나다. 소금밭으로 유명한 증도 가는 길에 있는 제법 큰 섬이다. 예전에는 이 섬에서 파시고기가 한창 잡힐 때 바다 위에서 열리는 생선 시장가 열렸고, 민어가 거래됐다. 이젠 모두 꿈같은 일이다. 민어는 이제 대부분 도시의 대형 어시장으로, 백화점으로, 호텔로 곧바로 실려간다. 임자도 앞바다는 물이 흐리다. 뻘이 발달해 있기 때문이다. 새우와 작은 갑각류 같은 민어의 먹이가 풍부하다. 가장 맛있는 민어가 이곳에서 나온다는 말은 거저 생긴 얘기는 아닌 것 같다. C가 맛보기로 돌린 회가 한 점 입에 들어오자 다들 씹으면서 입을 다물었다. 광어회같이 혀에 감기면서 잇몸에 찰싹 들러붙을 것 같은 차진 맛도 아니고, 참돔회처럼 고소한 맛도 아니었다. 그렇다고 방어회처럼 기름져서 입천장이 미끌거리는 풍성한 맛도 아니었다. 뭐랄까, 저 원시의 뻘에 녹아 있는 유기물질 같은, 거친 나무 냄새가 났다. 살은 탄력이 적은 대신 묵직하게 씹혔다. 크림을 한 스푼 떠먹은 것처럼 고소한 맛이 돌면서 풍부한 질감이 살아났다. C가 말했다.

"민어는 광어나 돔처럼 얇게 편을 떠서 먹는 회가 아니지요. 두껍게 썰어서 속살 맛이 우러나오도록 꾹꾹 씹어줘야 합니다."

일행은 말 잘 듣는 학동이 되어 있었다. 그러느라고 모두들 입을 다물고 있었던 거다. 묵묵히 씹는 소리, 아쉬운 듯 꿀꺽 삼키는 소리만 들렸다. 섬세하고 하늘하늘한 광어회가 세련된 도회지의 멋쟁이라면, 민어는 투박한 막장이 어울리는 그물질하는 어부의 느낌이었다.

"민어회는 막장에 찍어야 제 맛이라는 사람도 많습니다. 와사비 풀고 들큰한 초장 풀어서는 맛을 모른다고들 합니다."

C가 신이 올랐다. 그러나 나는 민어회 맛을 잘 느끼지 못했다. 참치나 삼치회의 중간 정도의 질감에 무덤덤한 맛이 큰 매력을 주지 않았다. 순전히 회 맛으로만 따진다면 꼬들꼬들 혀에 감치

는 광어회를 고추냉이 살짝 묻혀 간장에 찍어 먹는 맛에 비할 건 아니지 싶었다. 그런데 두어 점을 더 씹으면서 민어회의 맛이 살아났다. 그건 순전히 식도와 배의 반응이었다. 나는 음식을 먹을 때 식도가 느끼는 물리적 반응이 음식 맛을 더 살린다고 믿는 족속이다. 짜장면을 나무젓가락에 넉넉히 말아 볼이 미어지게 밀어 넣지 않으면 맛이 없다고 느껴지는 것처럼 말이다. 야들야들한 광어회는 그런 맛을 주지는 않는다. 입에서 폴짝이며 살살 노니는 맛이다. 그런데 민어는 식도를 자극하는 통쾌한 맛이 있었다. 두껍게 썰어 질감을 살린 횟점이 식도를 넘어가며 위에 포만의 자극을 시작한 셈이었다. 미각이란 때론 화학적 반응을 넘어 물리적 현상으로도 읽을 수 있는 것일까.

C는 국궁 제작 명인이 지금도 각별히 구해 쓴다는 부레를 꺼내 들었다. 접착력이 워낙 좋아 천하의 소목장과 활 명인들이 민어 부레를 끓여 접착제로 썼다. C는 부레를 데쳐 두툼하게 썰었다. 고소하고 크림처럼 진하기 이를 데 없는 맛이 젓가락을 바쁘게 했다.

수컷이라 알 구경은 하지 못했지만, 제대로 된 민어 매운탕 맛을 보려면 수컷이 제격이라고 C는 말했다. C의 주장대로 수컷의 큼지막한 대가리와 뼈에서 녹아 나오는 국물 맛은 통렬했다. 더구나 민어가 보신탕이나 삼계탕을 지그시 내려다보는 복달임의 일품일품—品이라는 옛말에 가장 부합하는 건 탕 때문 아니겠는가. 민어는 우럭과 비슷한 용모의 생선이다. 이 두 생선의 공통점은 탕이 아주 기막히게 나온다는 점이다. 나는 우럭은 회보다 탕이라고 생각한다. 뽀얀 국물이 느끼하지 않을 정도로 진하며, 고춧가루를 넉넉히 써서 맵게 끓이면 고춧가루가 우럭의 기름에 녹아 국물의 표면에 둥둥 뜬다. 이 기름을 숟가락으로 떠서 맛보시라. 입천장이 벗겨질 듯 뜨거운 국물이 우럭의 향을 가득 담아 입안을 채운다. 그런데 민어의 탕은 몇 수나 윗길이니, 그 맛을 짐작하기가 쉽지 않다.

장마가 끝나면 복이다. 민어회나 전유어는 고상하여 젓가락 복이 없다 하여도, 민어 국은 한 그릇씩 얻어먹을 수 있겠지, 하는 희망으로 온 듯도 간 듯도 하여 시덥잖게 지루한 장마를 난다. C는 올해 복날에도 임자도의 뻘민어를 사들일 수 있을까.

연어와
함께

여행하는
법

움베르토 에코

《세상의 바보들에게 웃으면서 화내는 방법》

외국의 호텔에서 묵을 때 나는 웬만하면 미니바를 건드리지도 않는다. 밤새 퍼마셔서 목이 타 붙기 전까지는. 일종의 트라우마에 빠졌기 때문인데 순전히 움베르토 에코 탓이다. 그의 글은 설득력이 있는 데다가 이름처럼 독자들에게 메아리 깊은 '에코'를 남기곤 한다.

저 포복절도할 걸작 수필 〈연어와 여행하는 방법〉을 기억한다면, 내 말에 다들 동의해줄 것이라고 믿는다. 혹시 그의 그 글을 읽지 않은 이를 위해 나의 트라우마의 근원을 밝혀주어야 하겠다. 그 수필의 대강은 이렇다. 에코가 북구를 여행할 때의 일이다. 그는 그 나라에서 유명한 연어를 한 마리 샀다. 방의 냉장고에 넣어두었다가 가져갈 요량으로 미니바에 가득 차 있는 쓸데없는 음료와 술을 빼고 연어를 넣어두었다. 그랬더니 그 호텔의 직원들이 매번 연어를 끄집어내고 음료와 술을 도로 미니바에 넣었다. 며칠간 이 소동은 반복됐다. 결국 연어는 상해버렸는데, 더욱 기가 막힐 일은 에코가 호텔을 나설 때 생겼다. 호텔 직원은 에코에게 엄청난 양의 음료와 술값을 청구했다. 냉장고 미니바에 설치된 자동 계산 기능 때문이었다. 미니바에서 무언가를 꺼낼 때마다 찰칵 찰칵, 미터기가 올라가듯 자동으로 계산을 해주는, 호텔 쪽에서 보면 편리하기 그지없는 장비가 에코를 난감한 상황에 빠뜨렸던 것이다.

어쨌든 이 칼럼을 통해 에코는 유머를 섞어 융통성 없는 사회를 규탄하고 있었던 것 같다. 설사 희대의 술고래가 묵었다고 한들 며칠 밤사이에 수십 병의 위스키와 코냑, 수십 리터의 음료를 마시기는 어려운 일 아닌가.

나는 에코를 이 수필로 처음 만났다. 지독히도 게으른 독자였던 셈이다. 메인 요리는 먹어보지도 못하고 심심풀이 땅콩을 한 점 집어먹었다고나 할까. 그나마 《장미의 이름》 같은 대중적 저작도 영화로나마 보았던가 기억이 가물가물할 지경이다.

하여간 그의 글은 〈연어와 여행하는 방법〉이 처음이었다. 아는 독자들이 있을 텐데, 이 수필이 들어 있는 한국어 번역본 《세상의 바보들에게 웃으면서 화내는 방법》의 원래 제목이 '연어와 여행하는 방법'이기도 했다.

에코, 아니 에코의 글을 다시 만난 건 이탈리아에서였다. 길을 걷던 나는 신문 판매대에서 〈레스프레소 L'espresso〉를 발견했다.

이탈리아의 명망 있는 시사주간지인데, 나는 에코가 이 잡지에 글을 쓴다는 얘기를 어디선가 읽어서 알고 있었다(《세상의 바보들에게 웃으면서 화내는 방법》에 실린 칼럼들도 대부분 이 주간지에 실렸던 것들이라고 한다). 그래도 설마, 했었는데 주간지를 펴보니 에코의 그럴듯한 캐리커처와 함께 칼럼 하나가 실려 있는 게 아닌가. 그의 나라에서 이탈리아어 잡지에 실린 그의 글을 보는 건 참 기분이 묘했다. 이런 걸 '원전'을 만난 감동이라고 해야 할까. 그러나 불행하게도 나의 한심한 이탈리아 실력과 사전을 총동원해도 그 칼럼은 해독이 거의 불가능했다. 당신 같으면 '안드로메다 성운의 기지 트레가트나의 사령관 호모뻬두르데스의 첫 번째 일기와 일치하는 문헌목록 나-563-As의 두 번째 항목에 동의하십니까' 따위로 일관하는 그의 독특한 풍자법을 알아먹을 수 있을지 모르겠다. 더구나 무슨 상징인지는 모르되, 칼럼 안에 정규(?) 언어 외에도 외계어 같은 글자가 가득 들어 있었다(혹시 이탈리아에도 외계어가 유행하는지).

그의 칼럼은 주간지 뒤표지를 제외한 마지막 페이지, 이 바닥의 전문용어로 표3 대면에 자리잡고 있었다. 이 자리는 유명 주간지에서는 최고의 칼럼을 싣는 공인된 지정석으로 군림한다. 에코는 아주 오랫동안 이 자리를 차지하고 전 세계 독자들 배꼽을 빼는 칼럼을 써오고 있었다. 원컨대,《세상의 바보들에게 웃으면서 화내는 방법》의 후속편이 나올지도 모르는 일이니 독자들은 기대해볼 수도 있는 일이겠다.

3년 전인가, 나는 소설가 김중혁과 에코가 사는 볼로냐에 간 일이 있었다. 볼로냐 하면 떠오르는 무슨 국제 아동 도서전 때문도 아니었고—김중혁은 그런 무게 있는 공식 행사에 잘 어울리는 소설가는 아니다—팔자 좋게 유서 깊은 도시 구경을 간 것도 아니었다. 마침 식당 오픈을 준비하던 나는 이탈리아 구석구석을 돌며 괜찮은 요리용 장비 따위를 입수하는 게 그 당시의 임무였다. 김중혁은 명목상으로는 글감 취재 삼아 따라나섰던 모양인데, 실은 이탈리아 요리사인 나의 안내를 받아 맛있는 음식과 와인을 실컷 먹겠다는 생각이 앞섰을 것이다. 그래봐야 주머니 가벼운 나는 그에게 피자나 싸구려 파스타를 실컷 먹이면서 '진짜 이탈리아 음식의 영혼은 밀가루 음식에 있다'고 설레발을 떨던 기억이 떠올라 지금도 얼굴이 화끈거린다.

이 도시에는 국제적으로 유명한 소스가 있다고 한다(내가 이 방기형放棄形 문장 말미를 쓰는 이유가 있다. 바로 이어진다). 당신도 한국의 어느 이탈리아 식당에서 한 번쯤은 먹어보았을 그 소스다. 그렇지만 이 도시의 어느 식당에서 '볼로네제'라는 이름을 발견하고 주문을 하기란, 보통 어려운 일이 아니다. 볼로네제란 뉘앙스 자체가 이미 이 도시 바깥에서 이질적 느낌을 담아 명명한 것이란 의미를 풍기고 있지 않은가. 그러니까, 볼로네제란 볼로냐 '밖'에서 볼로냐 고유의 미트 소스를 이르는 말에 다름 아니란 얘기다. 전라도 안에 있는 어느 식당 메뉴판에서 '전라도식 ○○탕' 따위의 명명법을 발견할 수 없는 것과 같은 이치겠다. 이름 붙이기, 즉 명명이란 종종 그 주체의 의사 따위는 묻지 않는다. 하긴 박찬일, 김용삼 같은 우리 이름 어느 구석에 내 의지 한 토막이라도 붙어 있더란 말이냐. 할아버지나 대서소 아저씨의 즉흥 작명에 의해 한 인간의 평생의 ID가 생긴다는 건 참 묘한 일이긴 하다.

김중혁과 나는 볼로냐에서 볼로네제 소스 대신 파르마 햄만 잔뜩 먹었다. 볼로냐는 파르마와 가깝고, 당연히 질 좋은 파르마 햄을 만날 수 있는 도시다. 파르마 햄은 이탈리아가 자랑하는 최고의 생 햄으로, 돼지 뒷다리를 소금에 절여 만든다. 언젠가 한번 이 햄에 대해 이야기할 기회가 있겠지만, 소금에 절여 짭짤한 맛을 내는 이 햄—그래, 바로 당신이 알고 있는 프로슈토다—은 와인을 부른다. 나는 대낮부터 취해서 이탈리아 반도 서쪽의 아드리아해로 가는 무거운 발걸음을 옮겼다. 그곳에서 지인을 만나기로 약속을 했던 까닭이다.

이탈리아 반도는 참 희한해서 한국의 지형적 위치를 빼다 박았다. 기다란 반도의 모양부터 상당히 닮아 있다. 저어기, 백두산이 있을 즈음엔 알프스가 있고 제주도의 자리엔 시칠리아섬이 있다. 우리의 동해쯤에 해당하는 바다에는 아드리아해가 있다. 베네치아 사람들이 상선을 띄워 물길을 내던 그 바다다.

나는 언어를 생각하면, 이탈리아의 아드리아해에 해당하는 동해를 떠올린다. 동해는 꽤 거대한 연어의 회유 지역이다. 남대천을 비롯한 동해의 하천으로 연어 떼가 올라온다. 연어의 뇌에 아로새겨진 기억회로는 틀림없이 고향의 바다와 강을 기억한다. 찬바람이 부는 새벽 주문진항에 가면, 연어를 만날 수 있다. 회유 길을 오른 연어는 다른 어종을 노리는 어부의 그물에 걸려 종종 새벽 어판장 옆 시멘트 바닥에 슬며시 놓여 임자를 기다리기도 한다. 한국에서 싱싱한 연어를, 그것도 자연산으로 만나는 건 꽤 신기한 일이다.

새벽 주문진항은 그 자체로 장관이다. 오징어 집어등을 환하게 밝힌 고깃배들이 가득 들어차 문자 그대로 대낮을 방불케할 만큼 밝다. 저 멀리 동이 트면서 먹장구름 같은 바다가 푸른빛을 띠기 시작한다. 그 푸른빛과 집어등의 노란 불빛은 자연과 인공이 만들어낸 절묘한 색 대비를 이룬다. 거기서 운 좋게 연어 한 마리를 산다면 주문진의 새벽은 기막힌 추억거리로 남게 된다.

이 계절의 주문진항 연어는 먹는 법이 따로 있다. 모든 영양이 집중된 알을 먹는 것이다. 알토란 같은 에너지를 알에 내주고 마지막 바닷길을 헤엄쳐 오느라 살은 단물이 다 빠져버린 상태다. 연어 한 마리를 발견했다면, 알주머니가 얼마나 실한가 실눈을 뜨고 살펴보는 게 좋다. 고른 연어는 배를 갈라 내장을 버리고 알집을 꺼낸다. 소금을 쳐서 오래 운반할 수 있도록 하기 위해서다.

나는 연어알을 레몬즙을 친 뜨거운 물에 담갔다. 그래야 연어알의 비린내가 가시고 입에 찌꺼기를 남기는 알 껍질을 제거할 수 있기 때문이다. 과연, 연어알은 마치 강원도 내륙의 이가 시리게 차가운 하천에 갓 방출된 것처럼 영롱한 빛을 낸다. 연어야말로 가장 뚝심 있는 고기라 할 수 있는데, 그건 방출하는 알의 수가 많지 않기 때문이다. 좁쌀처럼 많은 알을 낳아서 확률을 높이려는 거개의 고기와 다른 기품이 있다. 연어는 먼 대양을 가로지르던 꼬리의 힘과 고향을 찾아가는 회귀본능의 유전자를 그 알에 하나씩 심어주었을 것이다. 나는 연어알을 초밥에 올려 씹었다. 바다 냄새가 났다.

에코는 〈연어와 여행하는 방법〉에서 북구의 특산물인 질 좋은 연어 한 마리를 샀다고 쓰고 있다. 그렇다. 그가 사는 볼로냐는 연어와는 별로 상관없는 도시, 북구에서 연어 한 마리를 제대로 사오고 싶었을 것이다. 볼로냐의 어느 슈퍼마켓이든 연어 몇 토막쯤은 진열되어 있다. 이탈리아에서 팔리는 연어는 대부분 에코가 여행했던 북구의 나라에서 온다. 한국도 제철에 약간의 연어가 시장에 풀리는 걸 빼면, 모두 유럽과 알래스카의 가두리양식 연어를 먹는다. 꽁치나 고등어 살을 먹고 자란 연어에선 그 먹은 생선 맛이 난다고 한다.

연어를 먹을 때면 나는 꼭 떠올리는 한국의 요리사가 있다. 그는 연어 요리를 잘했다. 그가 구운 연어는 살이 달고 진했다.

"아니에요. 연어는 껍질이에요. 살은 껍질을 먹기 위해 그냥 배를 불리는 거죠. 껍질을 먹어서 배가 부를 수는 없으니까요."

그의 연어 요리를 먹는 법이 있다. 그의 말처럼 껍질을 먹는 것이다. 갈비탕 속에서 가장 실한 갈빗대를 마지막에 뜯듯이, 냉면 속의 달걀을 아껴두었다가 국물을 다 들이켠 후 씹듯이 껍질을 먹는다. 향초 냄새가 밴 껍질은 바삭하다. 차가운 대양의 바다에서 그 보드라운 살을 보호하던 껍질이다. 껍질은 버터와 기름 속에서 얇은 습자지처럼 반투명하게 익는다. 잘못 익히면 껍질은 양피지처럼 질겨진다. 그 타이밍을 아는 건 기본기가 탄탄한 요리사다.

움베르토 에코는 아마도 한동안 연어 요리를 먹지는 않았을 것이다. 거액의 미니바와 바꾼 상한 연어가 밥맛을 돌게 할 리는 없었을 테니까. 그래도 그가 껍질을 바삭하게 구운 연어를 제대로 만났다면 생각이 달라지지 않았을까. 하여간 그는 연어를 좋아하는 것 같으니까.

이탈리아에서
날아온

달큰한
토마토 향

무라카미 하루키

《먼 북소리》

오두막 주변에는 포도를 쌓아두는 작은 선반들과 밭과 가축우리가 있다. 흰 개 토피아는 우비 씨의 아버지가 없을 때 그곳을 지킨다. 개집 앞에는 밥그릇이 놓여 있고 그 안에는 리가토니_{마카로니}_{중에서 좀 큰 것} 토마토소스가 들어 있다. 이탈리아의 개는 리가토니를 먹는 것이다.

―무라카미 하루키, 《먼 북소리》

종종 사람들은 내가 이탈리아에 살았다는 사실을 흥미로워한다(미국이나 일본과 다른 게 좀 있긴 하지?). 이런 호기심을 나는 거꾸로 이용해서 사람들을 웃기곤 하는데, 이런 식이다.

"글쎄, 스파게티를 좋아하신다면 공짜로 실컷 먹게 해드릴 수 있어요. 이탈리아에 가서 맘에 안 드는 녀석이 있으면 실컷 두들겨 패세요. 감옥에서 하루 두 끼 파스타를 공짜로 제공할 테니까

요."(왜 세 끼가 아니냐고 물으신다면, 아침부터 파스타는 먹지 않는다고 말해드리련다.)

좀 썰렁해서인지 상대방은 웃기보다는 '교도소의 파스타는 어떤 식으로 나올까' 상상해보느라 골똘한 표정을 짓는다. 실제 이탈리아의 교도소에서도 파스타를 줄 게 틀림없다. 한국의 교도소에서 '밥'을 주듯이 말이다. 그것도 온갖 모양의 파스타가 끼니마다 바뀌어 제공될 것이다. 군대에서도 물론 파스타를 준다. 나는 이것만은 꽤 확실하게 대답할 수 있다. 요리학교나 언어학교에서 만난 이탈리아인 예비역에게 여러 번 확인한 사항이기 때문이다. 하긴, 이탈리아 군대에서 파스타 대신 무얼 밥으로 줄 수 있겠는가. 카르보나라 스파게티가 무솔리니 휘하 군대의 전투 식량으로 개발됐다는 설도 있으니, 어쨌든 어지간히 신빙성이 있다.

이런 농담의 끝은 간혹 "이탈리아에서는 거지도 스파게티를 먹거든" 하고 별로 안 웃기게 끝나기도 한다. 그러니 하루키가 《먼 북소리》에서 "이탈리아의 개는 리가토니를 먹는 것이다"라고 약간은 신기한 듯 글을 쓸 만도 한 일이다. 그 특유의 건조하고 서늘하며 무심한 듯한 문체라고 하더라도 그 '신기하고 놀라운' 느낌을 감출 수가 없다. '이탈리아의 개도'가 아니고 '개는'이라는 조사는 참 하루키다운 글이기도 하다.

리가토니든 스파게티든, 무릇 파스타는 토마토소스와 만나서 놀라운 맛의 변화를 맞는다. 토마토가 얼마나 흔한지를, 토마토로 목욕을 하고 투석전—아니, 이건 투과전이라고 해야 하나—을 하는 축제를 벌이는 걸로 얼추 짐작도 할 수 있는 게 이탈리아다. 한국에서 작물이 귀한 겨울에 토마토 한 개를 사는 데 천 원짜리 지폐를 내야 한다는 걸 베니스 상인이 안다면 당장 무역을 하려고 덤빌 게 틀림없다. 그만큼 이탈리아란 토마토가 흔해서 고민이고, 초여름에 멀리 시골에 가면 붉고 푸른 물감을 풀어놓은 것 같은 토마토 밭이 펼쳐져 있다. 특히 압권은 토마토를 많이 심는 나폴리 인근 내륙의 들판이다. 화산 토양의 영향을 받아서—근처에 소렌토와 베수비오 화산이 있다는 건 우리도 익히 알고 있다—검은빛을 띠는 흙은, 쭉 짜면 정말 영양 성분이 뭉클거리며 떨어질 것처럼 기름져 보인다. 그 검정색 밭에 빨갛게 토마토가 지천으로 널려 있는 모양은 사진이나 회화로는 묘사할 수 없는 원색의 장렬한 경관이 아닐 수 없다. 거기다가 푸른빛의 토마토 줄기가 더해져 형언하기 힘든 색의 배합과 조화가 절로 감탄을 내뱉게 한다.

토마토가 흔해서 생긴 선입견인지는 모르겠지만, 한국의 토마토는 왠지 소중하게 보호받으며 안쓰럽게 억지로 익어가는 느낌이라면, 이탈리아의 녀석들은 마치 그 민족성이나 국민성처럼, 대충 자유분방하게 익는다는 느낌을 준다. 마치 예쁜 소녀를 만나 바지 섶이 부풀어오르듯 열에 들뜬 이탈리아 소년의 얼굴 같은 거다.

이탈리아의 슈퍼마켓에서 카트를 끌면서 화가 나는 건 내가 좋은 쇠고기를 구하지 못해서가 아니라, 그 물가 때문이다. 비싸서 그런 것이 아니다. 두부가 치즈보다 비싸다는 점만 빼고는 오히려 물가가 싸서 한국의 마트와 비교가 된다.

쇠꼬리나 쇠갈비, 삼겹살 같은 부위는 거의 거저 얻는 가격이어서 횡재라도 하는 기분이다. 소 내장은 이보다 더해서 아예 동전 몇 개만 내면 장바구니가 묵직하게 사서 올 수 있다. 게다가 냄새가 나지 않도록 도축한 후 곧바로 손질한 것이라 거의 잔손이 가지 않는다. 나처럼 게으른 요리사에게는 그야말로 제격인 재료들이다.

싱싱한 채소와 과일도 싸고 달아서 눈물 나게 만드는데, 토마토는 달고 진한 향을 풍겨서 이게 복숭아인지 토마토인지 구별을 못 하게 한다. 팔뚝이 뻐근하게 산다고 해도 돈 만 원이 채 들지 않으니, 토마토를 맛나게 익히는 날씨와 토양이 부럽기도, 원망스럽기도 하다.

그렇지만 이탈리아에 토마토소스만 있을 거라고 생각해서는 곤란하다. 세어보지는 않았지만 내가 이탈리아에 살면서 봤던 모든 소스의 비율은 역시 토마토를 치지 않은 소스가 압도적으로 많다.

그렇지만, 이탈리아만의 대표 소스는 역시 토마토소스다. 크림소스나 고기소스는 세계 어디든 흔한 소스라면, 토마토소스는 오직 이탈리아가 독보적인 위치에 있지 않은가. 그런 까닭인지 토마토소스 끓이는 방법도 다채롭고 복잡해서 사람마다 다른 레시피를 가지고 있다고 해도 틀리지 않다. 그게 그거 같아 보여도 미세한 맛의 차이를 가지고 있어 어느 레시피가 최고야, 하고 엄지를 추켜세우기 힘들다. 당장 당신이 인터넷을 검색해서 비교한다고 해도 각각 다른 토마토소스 레시피가 등장할 것이다. 마치, 우리들 집안의 된장찌개나 만두 조리법이 모두 다른 것처럼 말이다.

그렇지만 내가 이탈리아 중부의 한 소도시에서 살 때 옆집 안나마리아 할머니의 레시피는 독보적인 매력이 있었다. 이탈리아라고 하더라도 늘 신선한 토마토를 사서 소스를 끓이는 것은 아니다. 간편하게 통조림이나 병조림 제품으로 토마토 과육과 주스를 사서 양념을 친 후 끓여서 만드는 게 보통이다. 생 토마토를 사서 껍질을 벗기고 씨를 빼는 일이 영 수고롭기 때문이다. '물을 팔팔 끓인다, 소금을 친다, 껍질에 상처를 낸 토마토를 넣어 살짝 데친다, 얼음물에 넣어 식힌 후 껍질을 벗긴다, 배를 갈라 씨를 빼내고 덜 익은 부분과 꼭지 부분을 잘라낸다, 체에 곱게 내린다', 이렇게 긴 준비 과정을 몽땅 공장에서 대신해준다는 건 얼마나 다행스러운 일인가. 물론 방부제 따위는 넣지 않고서.

그렇지만 안나마리아 할머니는 고집스러운 수공장인처럼 고

독한(?) 길을 걸었다. 아마도 토마토가 이탈리아에 전래된 16세기 이후의 조리법의 원형인 것도 같았다. 할머니는 우선 잘 익은 토마토를 구했다. 산 마르자노라고 부르는, 소스를 내기에 가장 알맞은 품종의 토마토를 사는 일이 먼저였다. 그것도 편리한 슈퍼마켓 대신 꼭 50년 된 단골 가게를 찾았다. 내가 보기에 그게 그거 같은 토마토이지만, 할머니는 단골 가게의 토마토가 더 나중에 수확한, 그래서 당도가 더 높은 토마토라고 우겼다.

"소스를 만드는 토마토는 유난히 물러서 파랄 때 딴다네. 그렇지만 에두아르도네 가게는 동네에서 사오는 토마토라 빨갛게 익었을 때 곧바로 가게로 올 수 있지."

파란 상태에서 따서 유통시키는 와중에 붉게 변하는 걸 그럴듯하게 '후숙後熟'이라고 부르지만, 사실 과일이란 가지에 매달린 채로 충분히 익는 게 최고다. 후숙이란 과일이 뭉개지는 걸 막고 오랫동안 팔아먹기 위한 유통업자들의 변명처럼 들리는 것도 사실이다.

정말 할머니가 골라온 토마토에선 달큰한 향기가 났다. 일부러 슈퍼마켓에서 토마토의 냄새를 맡아보았다. 달콤한 향 내신 비린내가 풍겼다. 땅과 태양의 기운을 슈퍼마켓 냉장고와 전등이 대신할 수는 없는 일이다.

할머니는 토마토를 일일이 껍질 벗겨, 앞에서 얘기한 것처럼 고단한 과정을 거쳐 과육을 얻어냈다. 토마토 씨가 섞여 있으면 쓴맛이 나는데, 할머니의 소스는 백 퍼센트 토마토 과육이라고 해도 좋을 만큼 완벽했다. 기계로 훑어내는 통조림이나 병조림 토마토에는 늘 씨가 섞여 있게 마련인 데 비해 말이다.

"맛있는 토마토소스 만드는 법은 사실 이게 전부야. 전부라고."

할머니가 눈썹을 내리깔며 말했다. 서양 사람들은 눈썹으로도 많은 말을 한다. 눈썹꼬리를 내리면 뭔가 불만스럽고 안됐다는 의미이며, 옆으로 길게 늘이면 '내 알 바 아니야'이다. 위로 치켜세우면 역시 의아하거나 놀랍다는 의미다. 물론 인간의 희로애락을 모두 눈썹으로 표현하는 건 이탈리아 사람이 유일해서 할머니가 내게 눈썹을 내리깐 것은 '음, 아주 자랑할 만한 일이야. 내가 소스는 좀 끓이지' 하는 의미란 걸 나는 알 수 있었다.

토마토소스는 아주 오랫동안 끓여야 한다. 가능하면 가스 대신 장작이나 숯을 쓰는 게 좋다. 불을 낮춰 은근히 끓인다. 먼저 우묵하고 큰 솥에 향기롭고 달콤한 올리브유를 친다. 양파와 당근, 셀러리, 바질을 다져서 넣고 잘 볶는다. 이때 절대 센 불에 빨리 볶으면 안 된다. 마치 치성이라도 드리듯 천천히, 느리게 볶아서 양파의 단맛이 쏙 빠져나오도록 한다. 올리브유에 태우듯이 볶는 채소의 향기가 기막히다. 양파가 투명함을 넘어 곤죽이 되도록 익으면 그때 따뜻하게 해둔 레드와인을 조금 붓는다. 칙, 와인이 날아간다. 곱게 내린 토마토를 넣는다. 그러고는 해가 기울고 밤이 될 때까지 천천히 끓인다.

아린 토마토 맛이 다 달아나고 향기롭기 그지없는 단내가 부엌에 진동하면 소스가 잘되고 있는 것이다. 이제 불에서 내려 맛을 본다. 혀에 감기듯, 약간 새콤하며 진한 과육의 맛이 불에 녹아 진득한 캐러멜 맛과 향이 나면 진짜다. 아아, 이젠 파스타를 삶아 맛있는 파스타를 해 먹으면 될 일이다!

냉장고에 아직도 뭐가 남아 있어? 하고 나는 묻는다.

스파게티하고 토마토 캔, 마늘, 올리브기름, 달걀, 포도주 반병, 참치 통조림 그리고 쌀이 조금 있어. 그러면 점심은 생각할 것도 없이 참치 토마토소스 스파게티가 된다. 결국 철수전이란 그런 것이다. 괜찮다.

불을 세게 해서 물을 팔팔 끓인다. 하루키 씨의 참치 토마토소스 스파게티도 그랬을 것이다. 물에 소금을 치고 스파게티를 넣는다. 절대 기름을 넣지 않는다. 파스타의 구수한 향이 퍼지면서 익는다. 팬에 올리브유를 두르고 마늘과 양파를 볶는다. 참치 캔을 열어 기름을 빼고 덩어리째 볶는다. 화이트와인을 살짝 뿌려주고 준비한 토마토소스를 넣어 한소끔 끓인다. 솥에서 익은 스파게티를 꺼내 소스에 넣고 잘 비빈다. 하루키 씨의 스파게티가 완성된다. 당신의 오늘 요리로도 맞춤한 스파게티가 아닐지.

지중해식

문어
삶기

신경숙

《엄마를 부탁해》

엄마는 찐 문어를 도마에 올려놓고 칼로 썰어보려고 했다. 그러나 여전히 칼이 엇나갔다. (중략) 뜨거운 문어 한 점을 썰어 그중 한 점을 집어 초고추장을 찍어 엄마에게 내밀었다. (중략) 그러면 맛이 덜해 엄마, 그냥 아, 해봐! 벌어진 엄마의 입속으로 찐 문어 한 점을 밀어넣었다. 나도 한 점 집어 입안에 넣었다. 찐 문어는 따뜻하고 물컹하고 부드러웠다. 아침부터 웬 문어를? 싶었으나 엄마와 나는 부엌에 선 채로 도마 위의 문어를 손으로 집어먹었다

―신경숙, 《엄마를 부탁해》

간혹 어머니의 고향인 경북 내륙의 Y시를 찾으면, 어머니는 두 가지 별미를 찾으셨다.

"고등어자반하고 문어 무봤나? 무봤다고? 맛있제?"

'먹어'를 '무'라고 발음하는 게 어머니의 고향 사투리였다. 그

렇지만 그냥 '무'는 아니었다. '먹다'의 범 경상도 사투리인 '묵다'에서 기역이 아슬아슬하게 탈락되어 강세가 아직은 남아 있는 '무~'였다.

시장에서 가장 반들반들하고 돈이 도는 가게는 문어 가게였다. 이 고장 사람들은 잔치나 제사 때면 문어를 올려야 제대로 차렸다는 소리를 듣기 때문이었다. 물론, 그 기막힌 맛을 이 사람들은 사랑하고 있었다.

거의 포목점처럼 큰 문어 가게는 오직 문어만 팔았다. 꽁치며 오징어 따위를 파는 작은 난전을 비웃듯, 문어 가게는 떡 벌어진 진열대가 호기롭기까지 했다. 이미 삶아진 문어가 갈색의 몸을 가지런히 누이고 있었는데, 옥타브 높은 이 지방 사투리로 흥정하는 소리가 장바닥 위로 웅웅거리며 날아다녔다.

어머니는 서울에서도 고향의 문어 가게와 거래를 트고 있었다. 잔치를 하거나 제사가 있으면 문어가 택배로 배달됐다. 서울에서도 생문어를 사서 삶으면 되지 않느냐고 하자, 어머니는 정색을 하고 말했다.

"문어는 삶는 게 기술이제. 아무나 삶을 줄 아나? 턱도 없제."

정말 배달된 문어는 Y시에서 먹는 것처럼 기막힌 맛이었다. 껍질은 쫀득했고, 살은 이빨이 콱 박힐 때는 쫄깃하면서도 씹으면 보들보들하게 목구멍으로 넘어갔다. 문어도 좋아야 하지만 삶는 기술이 뛰어나지 않으면 그런 맛을 낼 수 없다고 했다. 실제, 내가 간혹 들르는 서울의 문어 파는 술집들은 하나같이 이미 삶은 문어를 강원도든 경상도든 산지로부터 받아 썼다. 직접 요리하지 않고, 이미 삶아진 것을 받는다고 자랑하는 희한한 식당도 다 있구나, 생각했는데 이유가 있었던 거다.

"간고등어는 간잽이가 젤로 중요하고, 문어는 삶는 사람이 젤이다."

어머니와 꽤 친한 그 문어 가게 주인에게 물어봐야 이것도 '며느리도 안 가르쳐주는' 비법이라고 할까. 문어마다 다리 굵기가 다 다른데도 어떤 문어든 씹으면 살살 녹았다. 나는 문어를 씹으면서 그 비법을 음미했다. 다리 안쪽의 신경섬유질을 둘러싼 부분은 살짝 덜 삶아서 쫀득하게 씹히고, 그 주변의 살은 어느 정도 푹 익힌 것처럼 이빨 사이로 쑥쑥 씹혔다. 말하자면, 스테이크의 미디엄 웰medium-well이나 스파게티의 알 덴테al dente에 해당하는 삶기라고나 할까. 스테이크도 웰던으로 익히면 고기가 질기듯이, 문어도 푹 익히면 질겨진다. 슬쩍 덜 삶아서 근조직은 부드러워지고, 탱탱한 문어의 맛은 살려주는 게 문어 삶기 선수의 특징인 셈이다.

스테이크 말이 나왔으니 말인데, M처럼 스테이크를 기가 막히게 굽는 녀석도 없었다. 얼굴에는 여드름이 덕지덕지 내려앉았고, 일하면서도 포도주병을 셰프 몰래 홀짝여서인지 젊은 나이에 벌써 딸기코가 된 녀석의 몰골은 참 볼품없었다. 게다가 키는 얼마나 작은지 기성복인 주방복 바지가 두 번을 접어도 질질 끌렸다. 그렇지만 바쁠 때 그는 그릴 위에 땀을 뚝뚝 흘려서 숯불 힘을 죽이는, 자동으로 온도를 조절하는 신공까지 발휘하면서 스테이크를 기막히게 구웠다. 그의 머리칼은 고기가 피워 올리는 기름 연기에 절어 마치 초강력 왁스를 바른 것처럼 찐득했다.

스테이크는 공산품이 아니어서 크기가 다 제각각이고 두께도 다르다. 고기의 숙성이나 특징에 따라 수분과 지방 함유량이 달라 똑같이 구워도 굽기가 다 달라진다. 그걸 조절하는 건 결국 그릴 요리사의 감이다. 녀석에게는 기막힌 감이 있었다. 두어 해 전, 크리스마스이브의 모든 테이블은 약간의 시차를 두고 겹치기로 예약이 되어 있었다. 백 석이 넘는 녀석의 식당에서 그가 하루저녁에만 구워낸 스테이크가 3백 개가 넘었다. 그런 상황에서 한 치의 오차도 틀리지 않았다면 거짓말이겠지만, 아예 웰던으로 바싹 구워 달라던 어린 처녀 손님의 부탁 외에는 아무런 항의가 없을 만큼 녀석은 거의 완벽하게 고기를 구워냈다. 녀석에게 비법을 물어보면 그는 의뭉스럽고 졸린 눈을 껌뻑이며 대수롭지 않게 대답했다.

"고기야, 지가 알아서 궈지는 거쥬. 전 대충 궈유. 손가락으로 한번 눌러보면 알잖유? 세프님도 그렇지 않나유?"

그렇지. 그래. 그래도 너처럼 인간 온도계만 하겠느냐. 그는 '셰' 발음이 안되어, 늘 '세프'라고 부르는, 스테이크 굽기의 달인 인간 온도계였다. 굳이 고기 속에 온도계를 찔러 넣지 않아도 그는 손가락으로 고기 표면을 푸욱, 쑤셔 보고는 익힌 정도를 알아냈다.

스파게티 역시 스테이크처럼 감으로 익힘을 알게 된다. 흔히 타일벽에 던져보라거나 잘라서 하얀 심을 확인하라고 하는데, 그건 집에서 심심풀이로 스파게티를 삶는 사람들의 여흥일 뿐이다. 전쟁터 같은 주방에서 그러고 있다가는 어디서 성질 고약한 군기반장의 이단옆차기가 날아오거나 아니면 아예 당신을 번쩍 들어서 오븐에 넣고 구워버릴지도 모르니까 주의해야 한다. 스파게티는 척, 보고 색깔과 냄새로 알아내야 한다. 잘 익은 스파게티는 특유의 노란색이 살짝 엷어지면서 반들반들 윤이 난다. 그리고 구수하고 좋은 밀가루 익는 냄새가 난다. 당신도 국수나 라면을 삶을 때 색깔이나 모양, 냄새로 어느 정도 익힘을 알 수 있지 않던가.

문어는 스테이크보다 익히는 기술이 더 어려울지도 모른다. 해물은 조직이 연해서 타이밍을 놓치면 눈 깜짝할 사이에 완전히 익어버리고 만다. 나는 지중해식 삶은 문어나 문어구이를 청담동에서 불티나게 팔았다. 그런데 워낙 삶거나 굽는 게 쉽지 않으니 내 주방의 조수인 한 친구는 꾀를 냈다. 문어가 얼추 익을 즈음, 타이밍을 놓치지 않기 위해 기다란 쇠꼬챙이로 문어 다리를 찔렀다. 손끝에 전해지는 감각으로 판단을 했다.

"쇠꼬챙이가 들어가다가 끝에서 신경섬유에 턱, 걸려요. 그러면 그게 딱 맞춤하게 익은 겁니다."

조수는 호랑이 교관의 물음에 대답하는 신병처럼 말했다. 그래, 맞다. 하지만 지중해식 문어 삶기는 다르단다. 아, 물론 이탈리아 식당이라면 지중해식으로 삶아야지.

이탈리아에서 문어를 사서 요리하는 법이 있다. 특히 지중해 지역의 남부에선 문어를 꽤 즐긴다. 그쪽 시장에 가면, 서로 안면이 있고 꽤 친한데도 문어 상인은 요리사들을 속이려 든다. 이미 죽은 문어를 마치 살아 있는 것처럼 위장한다. 그렇다고 문어에게 산소호흡기로 연명 치료를 하거나, 문어의 심장에 전기 충격을 할 수는 없는 일. 그저 손님이 보는 앞에서 문어의 다리를 세게 누른다. 그러면 아직 죽지 않은 문어 다리의 신경이 꿈틀, 하며 반응한다. 흠, 한국의 낙지 상인과 비슷한 수법이다. 그들은 죽은 낙지를 종종 '기절낙지'라고 판다. 세상에 낙지가 기절할 일이 뭐가 있겠는가. 낙지 세계에는 주가 폭락도, 반 토막 펀드도 없을 테니까. 그저 죽은 지 오래되지 않아 신경이 반응할 뿐으로, 상인이 쿡쿡 건드리면 꿈틀거리는 게 전부다.

지중해의 요리사들은 문어를 사들이면, 죽기를 기다린다. 성질 급한 요리사는 죽기 전에 다음 단계에 넘어가는데 작업대에 대고 두어 번 내리치는 것이다. 경직되어 있던 문어 근육의 올이 풀리면서 꽤 부드러워진다. 그러고는 잘 씻어서 냉동실에 넣는다.

겨우 구한 싱싱한 문어를 굳이 냉동실에 왜 넣을까. 신선한 상태에서 냉동고에 넣으면 문어의 조직이 급격하게 파괴되면서 더욱 부드러워지기 때문이란다. 냉동실에서 하루 재운 후 꺼내서 해동하지 않은 채로 찬물에 넣어 아주 천천히 삶는다. 더욱 문어가 부드러워진다. 한국처럼 문어의 쫄깃한 맛 대신 지중해는 부드러운 것을 최고로 치기 때문에 그렇다. 이때 찬물에는 화이트와인 코르크를 두어 개 넣는다. 문어 부드럽게 삶기의 화룡점정인 것이다. 문어는 씻을 때부터 마지막 삶기까지 지난한 과정을 거쳐 최고로 부드러워진다. 씻을 때도 소금을 쓰지 않고 밀가루를 쓴다. 소금을 쓰면 질겨지기 때문이다. 이 모든 과정이 과학적인지 검증해볼 능력은 없지만, 고개를 끄덕이게 하기도 한다. 어쩌면, 요리사들은 문어가 더 부드러워지라고 굿을 하는 것일 게다. 문어를 내리치고, 코르크를 넣는 행위야말로 주술처럼 보이기 딱 좋지 않은가 말이다.

문어는 그저 삶아서 초장에 찍어서 먹는 게 최고 중의 최고이지만, 지중해 요리에서는 문어를 샐러드로 맛있게 먹는다.

동양의 요리사라고 문어에게 마술을 걸지 않는 건 아니다. 일본인의 문어 사랑은 어지간해서, 굽거나 데친 문어를 즐긴다. 그런데 문어를 맛있고 부드럽게 삶기 위해서 무가 동원된다. 무가 단백질을 분해하고 소화를 돕는 기능이 있지만, 통째로 무를 문지른다고 문어가 부드워진다는 건 어느 정도 플라시보 효과가 있는 건 아닐까. 게다가 삶는 물에 식초를 넣는 건 또 뭔가. 식초는 단백질을 응고시키는데, 그렇다면 문어가 더 질겨지지는 않을까. 병 주고 약 주고일지도 모른다. 일본의 요리법은 이렇게 종종 마술처럼 신비로워서 나처럼 얼치기로 서양 요리를 배운 사람은 혼란에 빠진다. 한국의 전통적인 요리법도 마찬가지다. 콩나물을 삶을 때 뚜껑을 열면 비려진다는 그 신비한 화학 실험이나 가마솥밥이 더 맛있는 물리 실험에 이르면 나는 어머니가 존경스러워질 뿐이다.

문어는 꽤 영리한 동물로 알려져 있다. 바다의 아리스토텔레스라고도 한다. 문어를 떠올리면 나는 특별한 일화 한 토막을 가지고 있다. 에밀리오 마렌고라는 토스카나의 양조가가 있다. 유서 깊은 알레산드리아대학의 화학 교수를 겸하는 그는 매우 현명하고 지혜로운 사람이다. 그의 와인은 한국에도 수입되고 있어, 그가 한국을 방문한 적이 있다. 내가 일하는 식당에서 그는 저녁 식사를 했는데, 메뉴판을 보더니 문어는 먹지 않겠다고 했다. 언젠가 스킨스쿠버로 바닷속에 들어갔던 그는 문어와 한판 결투를 벌였고, 그때 죽은 문어가 떠올라 문어를 먹을 수 없게 되었다고 했다. 나는 "미 디스피아체(안됐군요)"라고 그를 위로하고는 그렇다면 다른 요리를 준비하겠노라고 했다. 그는 메뉴판을 보더니 뜻밖의 주문을 했다.

"아, 여기 낙지가 있군요. 낙지 요리 한 접시 주세요."

나는 잠시 어안이 벙벙해졌다. 곧 문어와 낙지의 생태학적 차이에 대해 곰곰이 생각하기 시작했다.

어느

냉면 애호가의 역사

성석제

《소풍》

L은 냉면의 종류에는 물냉면과 비빔냉면, 회냉면에 칡냉면, 야콘냉면이 있고 응용으로 섞기미냉면이나 물비빔냉면이 있다는 등의 대도시 거주 냉면광들의 신경질적인 이론을 전혀 용납하지 않는다. 그는 냉면 전문식당에서 먹을 수 있는 냉면은 오로지 평양식 물냉면, 그 하나뿐이라고 단언한다.

—성석제, 《소풍》

십 몇 년이 지나 이젠 까마득한 기억이 되고 말았는데, 어찌하다 보니 냉면 맛만 혀에 남아 있는 여행이 됐다. 20대의 후반에 갔던 중국 여행 얘기다. 중국에서 냉면이라니. 그 얘기를 하기 전에 나를 실어 날랐던 그 배를 먼저 말해야겠다. 인천항에서 서른 시간을 넘게 항해한 배는 나를 톈진天津에 내려놓았다. 권컨대, 아무나 배로 1박 2일 여행을 하는 건 아닌 듯하다. 그 무료한 여정은 끔찍했으며, 서해의 두툼하고 누런 바닷물빛조차 속을 알 수 없는 중국인 같았다. 땀에 절어 색이 바랜 것으로 보이는 요리복—이랄 것도 없는 허섭한 남방셔츠 따위의—을 입은 무뚝뚝한 요리사가 퍼주는 중국식 '뱃밥' 역시 끔찍한 경험이었다. 나의 동행인은 그 밥을 훈련소 짬밥 이후 최악의 식사 리스트에 올려놓았을 정도다.

그때만 해도 중국은 우리에게 엄연히 적성국가여서, 중국보다 중공中共이라는 말이 더 어울렸다. 신문은 국제 농구 경기라도 보도하면, '한국, 이충희-김현준 쌍포로 중공 격파' 따위의 기사를 내기도 했다. 그런 '붉은 나라' 행을 정부 당국은 심히 저어하고 있었다. 그래서 고안해낸 묘수가 바로 적성국가 방문자 교육이었다. 중국이나 소련, 그 밖의 공산권 국가에 가려는 사람들을 단체로 모아 반나절짜리 교육을 시켰던 것이다. 강남에 있는 무슨 관광교육원인가 하는 곳에서 국가 정보기관의 직원이 나와 직접 교육을 했다. 간첩신고 요령, 그러니까 신발에 흙이 묻어 있거나 담뱃값을 모르는 사람 등을 신고하라는 내용이 전부라 별로 기억에 남을 만한 게 없다. 단 하나, 중국에 있는 북한 식당에 함부로 가지 말라는 대목에선 눈이 번쩍 뜨였다. 강사는 '특히 평양식 냉면을 먹으러 가는 경우가 많은데 조심하라'고 겁을 주었다.

그건 냉면 때문이었다. 유별나게 냉면을 좋아하는 나는 졸다가 그 강사의 냉면 얘기에 혹하지 않을 수 없었다. 가지 말라고 하면 더 가고 싶은 법인데, 게다가 냉면이라니! 그것도 진짜 평양식이랄 수 있는 냉면을 진짜 평양 사람의 시중을 받아가며 먹을 수 있다는 데야 어찌 회가 동하지 않을 수 있었을까. 아마도, 진즉에 북한 사람 따위에는 관심조차 없던 이들조차도 그런 교육을 받으면 한 번쯤 그 유명하다는 북한 식당에 들러보게 마련이었던 것 같다. 베이징의 국제무역센터 안에 있던 그 식당—금강산인지 해당화인지 이젠 이름도 아득한—에 가는 길에 나는 꽤 심리적 부담도 있었지만, 그 식당 입구쪽에서 '남조선말'을 쓰는 일군의 남한 사업가들의 목소리에 적이 안심이 됐다. 그들은 이 식당에 한두 번 드나든 분위기가 아니었다.

그 식당의 메뉴가 무엇이었는지도 잘 기억나지 않는다. 나는 그냥 '랭면'을 시켰다. 누구는 그 식당의 전속 악단의 솜씨가 뛰어났다거나(북한 최고의 전자악단인 보천보악단 출신이라고 하는 말도 있었다), 복무원인지 봉사원인지 하는 아가씨들의 미모를 칭송하는 얘기들을 하던데, 나는 그것조차 기억이 희미할 뿐이다. 그래, 두 옥타브쯤 높은 그 아가씨들의 목소리만은 기억에 남는 것 같은데 그것조차 언젠가 텔레비전에서 보았던 남북 합동공연의 사회자 목소리가 아닌가 싶기도 하다. 내 기억의 망막에는 그저 무채색의 냉면 한 그릇이, '닭알' 반 개와 오이절임이 올라 있던 슬픈 냉면만이 떠오른다. 나는 그 시절 꽤 감수성이 축축한 민족

주의자였나 보다. 임수경 씨의 방북 사진을 표지로 삼은 한 월간지를 오려 깨진 내 방 창문에 붙여두었던 나를 생각하면 확실히 그랬던 것 같다. 그렇다고 해도 냉면이 슬퍼질 것까지야 없는 일인데도 꽤 우울했던 것은 무슨 까닭인지 모르겠다. 실향민과 아무 상관없던 내 집안 족보를 보면, 그건 아마도 학습된 바임에 틀림없어 보인다. 어쨌든 냉면처럼 기구한 민족 음식도 드물 것이니까.

나는 자칭 타칭 냉면 좀 먹는 사람이었다. 요즘은 인터넷에 냉면 정보가 널려 있지만, 십수 년 전만 해도 서울의 5대 냉면집의 스타일을 주르르 꿰거나, 어느 냉면집의 족보를 읊을 수 있는 사람들은 몇 안 되었다. 다들 자기가 아는 냉면 지식은 꽁꽁 숨겨 두었고, 친구들과의 냉면집 모임에서나 한마디씩 풀어놓을 뿐이었다. 장충동 어느 집은 메밀을 사철 빻아 쓰는데, 여름이 가장 메밀의 질이 떨어지니 그때를 피해야 한다는 둥, 서쪽의 어느 집 주방장은 시내 어느 집 출신인데 그 집 막내딸과 바람이 났다가 쫓겨나서 차린 집이라는 둥(그래서 맛이 원조급이라는 것까지), 백 퍼센트 순도 메밀면을 먹으려면 안주인과 어느 정도 교분이 있어야 한다는 둥, 그 유명한 선주후면先酒後麵의 법도를 모르면 진짜 냉면쟁이가 아니라는 둥의 얘기들 말이다. 어떤 경우에는 서로의 내공을 겨루다가 평양식 육수의 황금비율, 즉 고기에다가 동치미를 섞는 비율의 정통성을 놓고 아고라의 소피스트들에 버금가는 대격전을 펼치고도 남는 사람들이었다.

그 시절, 냉면을 놓고 소설을 한 편 쓰려고 했던 적도 있었다. 강호의 냉면 거사들이 육수의 황금비율이 적힌 비서秘書를 찾아가는 일대 로망이었다. 비전되는 절대 육수의 비밀을 아는 퇴계로 냉면집의 막내딸 같은 인물도 설정하는 단계까지 갔었는데, 결국 포기하고 말았다. 그건 결정적으로 분단이 가져다준 슬픈 역사였다. 예를 들어 내가 원고지 천 장짜리 그 냉면전傳을 무사히 집필하고, 냉면 세계의 유력한 샛별이 되었다고 치자. 어느 날, 김용이나 전철우가 텔레비전에 나와 "아, 그 책. 그거 완전히 엉터립니다. 평양에 그런 냉면이 어디 있어요" 하고 한마디만 하면 와르르, 무너지는 사상누각이었기 때문이다. 어느 누구도 세종기지 출신 앞에서 펭귄 알 까는 이야기를 하지 못하는 것처럼 말이다. 그런데 비록 평양은 아니지만, 내가 두 눈으로 평양의 냉면을, 아니 평양식의 냉면을 보게 되었으니 감개무량하지 않을 수 없었다. 그러고 보니 생각이 나는 듯하다. 나는 그 어여쁜 봉사원에게 "이거, 진짜 평양냉면이지요?" 하고, 어리광을 부리듯 동의를 구했고 그이는 냉면의 얼음이 다 녹을 만큼 다정한 목소리로 대답해주었다. 아마도 이런 식이었을 것이다.

"네. 대부분 조국에서 가져온 것이랍니다. 물이야 북경의 물이지만요. 하지만 순금의 순도가 어디 백 퍼센트여서 순금이라고 부릅니까. 이만하면 진짜 평양랭면이라고 해도 좋지 않겠어요?"

그 봉사원은 요리사도 모두 평양에서 선발되어 온 사람들이라는 얘기까지 덧붙여 자랑했다. 조국의 재료에 조국의 손맛이니 그야말로 진짜배기가 아닐 수 없었다. 그렇지만 냉면의 맛은 그다지 내 맘에 쏙 들지 않았다. 육수에서는 특이한 흙냄새 같은 게 났으며 면이 굵은 것은 옳겠지만 구수한 메밀향이 나지는 않았다. 양은 사리 하나를 추가한 것보다 많았는데, 감칠맛이 떨어져 종내는 다 먹지 못하고 남기고 말았다. 나는 그러면서도 끝내 그 냉면 편에 서서 내 못난 혀를 혼내고 있었다. 화학조미료에 찌든 내 혀가 이 맛을 어찌 알겠어, 분단 사십 년이 맛조차 갈라놓았구나……. 조국의 진짜 냉면과의 첫 상봉은 그렇게 어설프게 끝났다.

나의 여정은 조중朝中국경, 즉 북한과 중국의 한 국경 도시에 이르렀다. 멀리 북한으로 가는 다리를 별다른 감흥 없이 일별하고는 나는 어느 호텔로 내달렸다. 듣기로 그 호텔은 중국이 자본을 대고 북한이 운영한다는 곳이었다. 북한과 가까운 곳에 있으니 더 정통적인 냉면, 아니 랭면이 있으리라는 기대를 나는 담뿍 안고 있었다. 그 호텔 일 층에 있는 식당은 북경의 그 식당과는 사뭇 다른 분위기를 풍기고 있었다. 국경도시 특유의 긴장이랄까, 북한과 더 가까운 곳, 다시 말해 수도 북경에서 멀리 떨어져 있어 중국의 통치권이 잘 미치지 않는 듯한 기운이 느껴졌다. 자리에 앉아 엽차 한 잔을 받아들고 나니 그 이유가 또렷하게 드러났다. 그건 선이 분명한 적대감이었다. 우리가 비록 상밥^{백반}과 랭면을 너희들에게 팔되, 자존심을 파는 건 아니라는 듯한……. 사실 식당 안이 으스스하긴 했다. 차림표조차 붉은 바탕에 흰 글씨로 혁명 구호 같은 이미지를 만들고 있었다. 글자가 창이나 낫처럼 날이 서 있어서 냉면 육수처럼 얼어붙을 지경이었다. 식욕보다는 선동의 효과를 노리고 있는 것 같았다. 아무렴 어떠냐. 나는 진짜 냉면 한 그릇이면 피부가 오이처럼 변하는 긴장 상태도 즐길 수 있었을 것이다. 다행스러운 건 그 도시의 냉면은 국경과의 거리만큼 더 북한과 가까이 있었다. 북경의 그 냉면이 제법 세련되었으나 뭔가가 빠진 듯한 맛이었던 데 비해, 구수하고 새콤새콤한 맛이 잘 살아나고 있었다. 무엇 때문일까. 나는 북경의 그녀들보다 훨씬 무뚝뚝한 봉사원에게 물어보았다. 왜 그딴 질문을 하느냐는 듯이 시뜻한 표정의 그이는 지나가는 말투로 대답했다.

"냉면 맛이야 동치미 맛이죠. 그래서 날씨가 추워야 제맛입니다."

나는 냉면 한 그릇을 잘 비우고 그 호텔의 기념품점을 기웃거렸다. 어디선가 일군의 한국인 관광객들이 몰려들어 물건 흥정을 하고 있었다. 노동 영웅의 그림이 새겨져 있는 수출용 고급 담배가 인기 품목이었다. 나는 유리장 안에 고이 모셔져 있는 책에 관심이 갔다. 마젠타가 과잉 인쇄된 것처럼 묘한 붉은 색을 띠는 그 책은 '조선료리사전'이라는 이름을 달고 있었다. 애당초 판매를 목적으로 하지 않았는지 책값은 터무니없이 비싸게 매겨져 있었는데, 나는 그걸 덜컥 샀다. 호기심도 있었겠지만 나는 진짜 평양냉면의 조리법을 눈으로 확인하고 싶었을 따름이었다. 그 책은 내 기대를 버리지 않았다. 반찬, 육류, 어류, 탕류 등의 목차에 '국수'도 있었고 당연히 '랭면'도 있었다. 나는 얼른 그 페이지를 열었다. 지금은 어떤지 모르겠지만, 당시 북한에서 출판된 거의 대부분의 자연과학 관련 책도 정치교양에서 자유롭지 않았던 것 같다. 책 머리말은 물론 중간중간 핵심 서술 옆에는 늘 수령의 교시가 적혀 있었다. 이를테면 이런 식이었다. 밤栗이라는 항목을 펼치면 "수령님은 다음과 같이 교시하시였습니다. 건강에 좋고 맛 좋은 밤을 많이 심어 인민의 건강과 생활에 도움을……". 랭면 편에도 어김없이 그 교시가 기록되어 있었다. 기억은 안 나지만 민족의 대표 음식을 많이 먹자, 뭐 이런 내용이었을 것이다. 어쨌든 나의 관심은 그게 아니었으므로 나는 얼른 조리법을 읽어 내려갔다. 안타깝게도 메밀 함량을 기록하지 않은 '메밀국수'의 중량이 쓰여 있었고, 닭알과 오이 같은 꾸미고명의 북한어의 양이 적혀 있었다. 무엇보다 꾸미도 되고 육수도 되는 고기의 배합이 궁금했는데 특이하게도 평양냉면은 쇠고기, 돼지고기, 닭고기가 고루 쓰이고 있었다. 이 고기의 배합은 상당히 중요하다. 육수의 맛을 결정짓는 중요한 요소이기 때문이다. 냉면은 면과 육수의 결합이 맛을 내는데, 면은 좋은 메밀을 어떻게 반죽해서 뽑는가가 열쇠라면 육수는 고기의 선택과 배합, 동치미나 김칫국물의 첨가가 맛을 결정짓는다. 그런데 여름에는 질 좋은 동치미가 있을 리 만무하다. 그러니 평양냉면은 겨울이 제맛이며, 여름 냉면이 겨울 냉면을 할아버지라고 불러야 마땅했을 것이다. 냉면 애호가들 가운데 상당수는 여름에는 아예 냉면집에 가지 않는다는 말이 있는 것도 이런 연유일 터이겠고. 그호텔의 냉면에 들어가는 동치미가 북한에서 가져온 것인지 그봉사원에게 더 캐물어보지 못한 것이 후회되었지만, 냉면 맛에 동치미 맛이 중요하다는 것도 냉면의 비밀을 푸는 한 열쇠가 되었던 것이다.

내가 냉면광이 된 것은 어머니 때문이었다. 어머니는 입학과 졸업을 축하하는 가족 회식 자리는 무조건 냉면집을 선택할 만큼 냉면 애호가셨다. 살림살이가 빤해서인지, 아니면 어머니의 기호가 유별나서였는지 평양면옥이니 우래옥이니 하는 정통 식당보다는 시장 통의 B급 집들을 더 좋아하셨다. 비싼 쇠고기를 쓰지 않는 집들이니 국물에서는 밍밍한 닭 냄새가 났다. 어머니는 그 냉면을 불과 서너 젓가락에 다 밀어 넣는 기술을 가지고 있었다. 내가 국수의 물리적 통각痛覺, 그러니까 국수가 목이 미어지게 넘어가면서 목구멍을 아프게 자극하는 것이야말로 진정한 맛이라고 떠들고 다니는 것도 어머니에게서 사사한 바일 것이다. 짜장면이든 우동이든 냉면이든 두툼하게 말아서 목구멍이 미어지도록 몰아넣어야 제맛이라는 내 주장 말이다.

이렇게 배운 '냉면질'은 수염이 채 나지 않았던 중학생 시절에도 자체 진화를 거듭하고 있었으니, 없는 주머닛돈을 털어 황학동으로 냉면을 먹으러 다녔던 것이다. 학교 앞 분식집 라면이 150원 하던 시절에 풍물시장이 있던 황학동의 포장마차에선 100원이라는 파격적으로 가벼운 값에 냉면을 모시고 있었다. 냉면이란 모름지기 메밀과 어떤 고기를 넣은 육수의 배합이라는 전통의 공식을 허무는 C급 냉면의 역사가 거기 있었다. 태운 보릿가루를 섞은 밀가루면과 화학조미료 육수의 그 냉면도 꽤 맛있었다. 아버지 따라 을지로나 장충동의 냉면 명가들을 순례하지는 못했지만, 그 시절부터 나는 청계천 일대에서 엉터리 냉면을 먹으며 B급 정서를 키워가고 있었던 셈이다.

지금은 냉면 대신 파스타를 마는 주방장이 되었지만, 저 중국의 냉면 기행, 그리고 어려서 다녔던 시장 통의 허술한 냉면집 순례는 내 국수 인생의 단초가 되었다. 그리고 한겨울, 눈이라도 펑펑 내려 아랫목이 그리울 때면 김치말이 국수나 냉면이 그리워지는 것이다. 평양 사람들이 대동강 물이 얼면 아랫목에 발을 묻고 동치미에 냉면을 말아 먹었다는 얘기처럼. 시인 백석이 메밀처럼 구수하게 풀어놓던 그 싯귀들처럼.

고기
권하는
사회

백영옥

《스타일》

입에서 살살 녹는 부드러운 스테이크는 말하건대 건강한 소가
아니다.

―백영옥,《스타일》

오래전 일이다. 이탈리아가 아직 유로 대신 리라를 쓰던 시절
이었다. 내가 로마에서까지 '정육점 식당'을 만날 줄은 몰랐다.
좋은 고기―그것이 설사 인류를 멸망으로 이끈다 해도 말이
다―를 찾는 사람은 세계 어디나 있게 마련이어서 업자들은 고
기 굽는 냄새를 피워 사람들을 끌어들인다. 그런데 한국에서 인
기를 끄는 정육점 식당이 로마 외곽의 슬럼가 구석에 진을 치고
있는 걸 보고 나는 깜짝 놀랐다.

로마에 살고는 있지만, 시내와 숙소만을 셔틀버스처럼 다니던
나는 맛 좋은 식당을 찾아다닌다는 건 언감생심이었다. 그런 내

게 스테이크 맛을 보여준 녀석은 별명이 '팔뚝'이었다. 운동 중 독증에 걸려 온몸의 글리코겐을 쥐어짜내야 비로소 행복해하던 녀석의 팔뚝은 굵었다. 그는 쇠고기의 근육을 그다지 사랑하지는 않았지만, 육식의 광포한 체험을 그리워하던 내게 선물 하나를 안긴 것이었다.

그 식당의 입구, 붉은 형광등을 켠 고기 쇼윈도에는 동물의 시체가 적나라하게 진열되어 있었다. 사실, 대형마트의 먹음직스러운 고기는 그들이 걸어온 길을 온전히 숨긴다. 도살되고, 가죽과 내장이 발라져서, 다시 살코기만 부위별로 해체되기까지의 과정 따위……. 살코기는 그 길을 걸으면서 체온을 잃는다. 마치 공장 생산품처럼 얌전히 플라스틱 필름으로 포장되어 당신의 장바구니에 들어가기 전에.

쇼윈도의 시체들은 붉은 형광등 불빛에 잘려진 자신의 단면을 드러냈다. 그 단면의 기름진, 마치 대리석처럼 촘촘히 박힌 지방 입자는 유혹적이었다. 마블링이라고 부르는, 미식가들이 탐닉하는 지방은 숯불에 던져져 기름진 향을 풍기며 익어갈 것이다. 안심이며 등심 같은 부위들은 붉은빛을 뿜으며, 그로테스크하게 쇼윈도에 엎드려 있었다. 우리가 손가락으로 부위를 선택하고 가리키면, 푸른빛이 돌도록 잘 벼린 칼을 든 요리사가 살점을 베어낼 채비를 하고 있었다. 팔뚝과 나는 아마도 '등심' 부위를 선택한 것 같다. 그 고기는 보기에도 묵직해 보였다. 요리사가 고기를 저울에 달고, 곧바로 숯불이 이글거리는 그릴에 던져 넣었다. 고기는 가끔씩 툭툭, 불길에 녹은 기름을 떨구었다. 바야흐로 우리는 고기를 먹게 될 것이다.

사람은 왜 고기를 먹는 것일까. 원시 시대 이후 금지된 카니발리즘의 욕망을 우회적으로 실현하는 것일까. 나는 입술에 기름이 묻어 번들거리는 고기 먹는 사내들의 모습을 떠올렸고, 조금 식욕을 잃었다.

로마 사람들이 '비스테카'라고 부르는 이 고깃덩어리 구이는 영어로 부르면 더 그 미감이 살아난다. 특히 '스테익'이라고 'S' 자를 약하게 발음하고 재빨리 혀를 휘감아 막아버리는 미국식 영어로 발음하면 더 그럴듯해진다. 원래 어떤 이름들은 발음하기에 따라 그 화학적 특성까지 완전히 변해버리는 듯이 여겨질 때도 있다. 기억해보니, 올리브오일을 '얼리브 어여'라고 부르던 손님이 있었다. 내가 일하던 식당의 봉사원들은—내가 굳이 서버라고 기록하지 않는 것에 불만을 갖지는 마시라—알아듣지 못했다. 그는 다시 활명수처럼 명료한 한국어 발음으로 "올리브유도 몰라요?"라고 짜증 섞인 말을 뱉었다. 올리브오일이 얼리브 어여라고 발음되는 순간, 물질의 정체성이 달라졌다, 고 나는 느꼈다. 모든 명사는 발음하는 주인에 따라 서로 다른 유전자를 얻는다. 그건, 진리다.

팔뚝은 고기를 썰었다. 고기는 잘라지면서 피처럼 붉은 육즙을 접시에 흘렸다. 팔뚝은 그 육즙까지 빵에 적셔 남김없이 먹었다. 피 냄새가 났다.

나는 물끄러미 숯불 지옥 속의 요리사들을 바라보았다. 땀으로 소금 간을 해가며 고기를 뒤집는 모습이 매캐한 연기 속에서 실루엣처럼 비쳤다. 그릴을 담당하는 요리사들은 폐를 고문한다. 고기에 가득 찬 기름은 구우면 불꽃 속으로 녹아 떨어진다. 그 기름은 순식간에 연기로 변해 요리사의 폐에 방수액을 바르듯 들러붙는다. 어쨌든 손님들은 고기를 먹고, 그들은 폐를 학대한다.

숙성이 안 된 소를 '신선하다'고 말하는 것만큼 끔찍한 범죄는 없다. 소는 신선한 게 미덕인 샐러드가 아니다. 분명히 말하지만 생선조차 그렇다. (중략) 건강하게 숙성된 소는 적당히 부드럽고, 무엇보다 적당히 질기다. 입에서 살살 녹는 부드러운 스테이크는 말하건대 건강한 소가 아니다.

식당 사장들은 스테이크를 많이 팔려고 한다. 그것이 신선해서 미덕이 있든, 숙성되어 입에서 살살 녹든 말이다. 누가 내게 '스테이크는 미래 세대로부터 빼앗아 먹는 이기적인 요리'라고 비난한다면 나는 수긍한다. 그러나 어쨌든 내 월급은 식당 사장이 주고, 손님들은 오르가슴처럼 짜릿한 스테이크를 원한다. 나는 손에 피를 묻힌다.

장사꾼이 천국에 들어가는 건 낙타가 바늘구멍을 통과하는 것처럼 어렵다, 는 말은 진실이다. 그렇더라도 요리사는 스테이크를 잘 팔아서 장사를 잘해야 한다. 나는 스테이크로 손님들을 들었다 놨다 하는 법을 안다. 갓 잡아서 아직 단백질 분해가 일어나지 않은 고기는 아직 질기다. 그럴 때는 '신선하다'고 호들갑을 떨면 된다. "갓 들어온 고기를 올릴깝쇼?" 하고 눙치면 되는 것이다. 이발사의 면도칼에 턱밑을 내주는 것은, 이발사의 흰 가운 때문인지도 모른다. 흰 가운은 신뢰의 상징 아니던가. 나는 요리사이고, 흰 가운을 입었으니 그럴 자격이 있는 셈이다.

오래 묵은 고기는 단백질의 결합 끈이 느슨해져서 칼만 대면 스르르 무너진다. 나는 '신선' 대신 '숙성'을 판다. 손님들은 숙성이라는 말에 무한한 신뢰를 보낸다. 숙성은 시간의 경과를 의미하므로, 변질과 숙성은 깻잎 한 장 차이만큼의 아슬아슬한 간격일지도 모르지만…….

나는 고기를 굽는다. 그것은, 요리사의 숙명 같은 것이라고 나는 변명한다. 아마존의 밀림이 방목용 초지를 만들려는 불도저의 삽날에 무너지든, 항생제와 성장호르몬이 마블링처럼 고기 속에 촘촘히 박혀 있든 말든. 치사해지기로 하자.

스테이크에 대한 집요한 시선은 송아지 고기에 꽂히기도 한다. '어린 것'의 연한 육질에 대한 탐닉은 서양에서 일찍이 있어왔다. 송아지 고기는 연한 분홍빛을 띤다. 어떤 미국의 생산업자는 송아지 먹이에 철분이 들어가지 않도록 제한한다. 송아지 고기가 더 연하고 부드러우며, 분홍빛을 잃지 않도록 '배려'하는 것이다. 송아지 고기란 송아지에겐 천형과도 같은 순간, XY 염색체의 부여에 의해 결정된다. 즉, 젖을 짤 수 없는 수놈 젖소에게 닥치는 도살의 운명이다.

우리나라는 고기를 위해 송아지를 도살하지 않는다. 뭐, 윤리적인 이유는 아니다. 송아지를 먹게 되면, 쇠고기 수급이 원활하지 않을까 봐 걱정하는 까닭일 것이다.

도시 생활을 하는 우리가 먹을거리에 대해 일으키는 착각은 종종 심각한데, 그중 하나는 젖소가 '암소'를 뜻한다는 사실이다. 얼룩송아지가 모두 젖소가 되는 건 아니라는 얘기다. 그러면 마치 젖소인 척 위장하고 있지만, 천부적으로 젖을 못 만들어내는 수컷은 도대체 무슨 쓸모가 있느냐 말이다. 그래서 한때 서양의 축산물 연구자들은 가능한 암소만을 잉태하는 기술을 개발하기 위해 땀을 흘리기도 했다. 그들이 진작 한국에 물었다면 해결이 가능했을지도 모른다. 태아 성감별은 정말이지 한국이 한때 최고였지 않은가.

어쨌든 암소로 태어나지 못한 불행한 수소들! 녀석들은 긴 수명을 보장받지 못한다. 한국은 그나마 2년 정도 길러진 후 육우라는 이름으로 도살되어 얌전히 스티로폼 팩에 래핑되어 슈퍼마켓에 진열되지만 서양은 3~6개월이면 이미 최후를 맞는다. 송아지 고기를 즐기는 관습 때문이다. 암소는 젖을 짤 수 있도록 남겨두고 수컷은 길러봐야 아무 짝에도 쓸모가 없으니 곧바로 고기가 된다는 거다. 아, 그렇다고 특별히 '송아지 고기를 먹다니! 야만인'이라거나 불쌍하다고 눈물지을 필요는 없다. 생후 2년에 죽거나 2개월에 죽거나, 30년 이상을 사는 소의 수명에 한참 못 미친다는 사실은 비슷하지 않은가. 〈워낭소리〉의 소만큼 오랜 수명을 보장받는 소는 이제 적어도 우리에겐 없다.

황새치를
가르는

장인의
솜씨

헤밍웨이

《노인과 바다》

노인은 왼손으로 낚싯줄을 가볍게 가만히 잡고는 막대기에서 벗기었다. 이제는 고기에게 아무런 힘을 느끼지 않게 하고서 손가락 사이로 낚싯줄을 풀어내 줄 수 있었다.

　이렇게까지 멀리 나왔고, 또 이런 계절이니만큼 반드시 굉장히 큰 고기임에 틀림없을 거라고 그는 생각했다. 먹어라, 고기야, 먹어. 제발 좀 먹어라. 그 어두운 600피트나 되는 차디찬 물속에서 너나 그 미끼나 얼마나 싱싱하겠느냐? 어둠 속에서 어서 한 바퀴 다시 돌고 와서 먹어보려무나.

　—헤밍웨이, 《노인과 바다》

기차는 덜커덩거리면서 멈춰 섰다. 이탈리아 남부의 항구도시에서 시칠리아행 기차는 프랑크 소시지처럼 나뉘어 배에 실렸다. 어둡고 습한, 거대한 고래 뱃속 같은 배는 이탈리아 반도에서 시칠리아로 넘어가는 화물을 가득 싣고 있었다. 그 화물칸은 화물들이 각기 뿜어내는 냄새가 뒤섞여 형언할 수 없는 냄새를 만들어내고 있었다. 배 특유의 쇳내 사이로 젖먹이가 토한 듯한 젖 냄새와 냉장실에서 썩어가는 채소와 빵 냄새가 났다. 사람들은 그 냄새를 피해 고래 뱃속을 더듬어 갑판으로 올라가는 나선형의 계단을 올라갔다.

코발트블루색의 지중해는 무뚝뚝하게 그 심연을 감춘 채 입을 다물고 있었다. 시칠리아 가는 기차를 나눠 실은 뚱뚱한 화물선은 그 바다를 힘겹게 가르면서 남진했다. 멀리 고깃배들이 그물을 끌어 올리는 게 보였다. 탐욕스러운 갈매기 떼가 그물 위로 하얗게 몰려들었다. 나는 바닷물처럼 짠물 맛이 나는 싸구려 생수 한 병을 사서 벌컥벌컥 마셔버렸다. 갑판 위의 철제 계단의 난간을 무심코 잡았다가 나는 비명을 질렀다. 달걀 프라이 정도는 너끈히 구울 만큼 쇳덩이들이 뜨거워져 있었다. 나는 시칠리아로 가는 길이었다.

이탈리아 사람들은 참치에 미친 사람들 같았다. 슈퍼마켓 진열대마다 삶은 참치 토막을 채운 통조림이 천정까지 뻗어 있는 게 예사였고, 슈퍼마켓의 광고전단지 미끼상품에는 예의 참치 캔이 올라 있었다. 한국 제품보다 더 짜지만 맛은 좋은 이탈리아 참치 캔은 아마도 김치찌개를 끓이기에는 적합하지 않아 보였다. 조직이 아주 부드러워 캔을 열고 덩어리를 꺼내는 순간 부서지기 때문이었다. 짭짤하게 소금을 치고, 제법 향기도 있는 올리브유에 푹 잠긴 참치의 살은 씹으면 목이 말랐다. 그것은, 전적으로 짠맛 때문만은 아니었던 것 같다.

이탈리아 사람들은 지중해에서 참치의 일종인 황새치를 건졌다. 《노인과 바다》의 그 노인처럼 말이다. 남획과 기후 변화로 점차 개체 수가 줄기 전까지는 시칠리아의 해안 마을마다 손기술 좋은 작살수나 그물꾼들이 물때를 보아가며 배를 저었다. 그물이든 주낙이든 던지면 황새치가 걸려들었고, 이탈리아 사람들은 풍족하게 황새치 스테이크를 먹을 수 있었다.

나는 종종 시장에 나가 황새치를 샀다. 어떤 황새치는 대서양에서 온 것도 있었고, 그런 종류는 상인들 말로는 '살이 무르고 쓰다'고 했다. 둔한 내 혀가 그 차이를 감지할 수는 없었지만, 어쨌든 지중해에서 잡은 황새치라고 믿으면 되는 일이었다. 어떤 황새치든 물고기란 주민등록이 없으므로 이마에 원산지를 써놓고 좌판에 누워 있는 경우는 없으니까.

황새치는 《노인과 바다》에 등장할 만큼 크지는 않았다. 그저 2미터 정도면 거물로 대접받았다. 노인이 잡은 1천5백 파운드, 즉 8백 킬로그램 정도가 되는 새치마알린에 비하면 작은 고기였다. 백 킬로그램 넘는 것을 만나기도 쉽지 않았으니까 말이다.

나를 데리고 요리를 가르치는 주방장이자 후견인 주세페는 참치 요리를 아주 잘 다뤘다. 그는 실눈을 뜨고 오래전, 지중해의 황새치가 어떻게 어부들을 만났는지 설명했다. 그의 등 뒤로는 참치잡이를 하는 주세페의 할아버지들을 찍은 낡은 흑백사진이 한 장 걸려 있었다.

"잘 듣게. 그때는 참치가 그물 가득 올라왔지. 주낙을 드리울 필요도 없었어. 그저 그물을 던지면 참치가 줄줄이 올라왔다는 얘길세. 톤노tonno! 그래, 바로 톤노, 영어로 튜나야."

고기는 보기에도 천오백 파운드는 넘을 것이라고 생각되었다. 혹시 더 될는지도 몰랐다. 내장 같은 것을 다 손질해 버리고 3분의 2만 팔게 된다 하고 파운드당 30센트를 받으면 전부 얼마나 될까?

사진 속의 인물들은 흐리게 보였지만, 그들의 억센 팔뚝이 금세라도 살아 있는 것처럼 느껴졌다. 구릿빛으로 물든 우람한 팔뚝으로 그물을 걷어 올리고 작살을 내리찍던 시칠리아의 참치잡이 어부들을 어쩌면 오래지 않아 모두 볼 수 없게 될 거라고 주세페는 슬프게 말했다. 어떻게 잡았든지 어획된 황새치는 어항에 도착하면 곧바로 경매로 팔린다. 그리고 우리 같은 요리사의 손에 들어올 때는 킬로그램당 2만원 안팎의 값이 매겨진다. 바다의 쇠고기라는 자연산 황새치의 가격치고는 썩 괜찮았다. 이제 우리에게는 황새치를 난도질해서 먹기 좋게 분류하는 일이 남았다. 그 일이야말로 요리사가 가장 좋아하는 일이었다. 더구나 황새치가 사람보다 키가 크고 분홍색 살에 기름이 좔좔 흐른다면 말이다.

테라스에 자리를 잡자 어부들이 노인을 놀렸지만 노인은 화를 내지 않았다. 그중 나이 든 어부들은 그를 보고 서글퍼했다. 그러나 내색은 하지 않고, 조류潮流가 어떻고 어느 정도의 깊이에 낚싯줄을 내렸으며 좋은 날씨가 한동안 계속될 것 같다는 등 경험한 여러 가지 일들만 점잖게 이야기했다. 많은 어획고를 올린 어부들은 벌써 들어와 마알린의 배를 갈라 두 장의 판자 위에 늘어놓고는 판자 양쪽에 두 사람씩 붙어 비틀거리며 어류 저장고로 운반해 갔다. 여기서 아바나의 어시장으로 실어갈 냉동 화물차를 기다리는 것이었다. 상어를 잡은 어부들은 그 상어들을 맞은편 해안에 있는 상어 공장으로 날랐다. 그곳에서 상어를 도르래와 밧줄로 달아 올려서 간을 빼내고, 지느러미를 자르고 껍질을 벗기고 살을 소금에 절이기 위해 토막을 내었다.

황새치는 가련하게도 뾰족한 주둥이는 톱으로 잘려진 채로 시장에 나온다. 먹을 수 없는, 이미 죽은 황새치의 위엄을 사람들은 존중해주지 않았다. 시장에는 황새치를 잘 다루는 칼잡이들이 많았다. 그러나 그들의 손은 거칠어서 종종 맛 좋은 황새치의 알집을 터뜨리곤 했다. 역시 정교하게 껍질을 벗겨 황새치를 나누고, 살을 뜨는 일은 요리사가 나왔다. 주세페는 일당을 받고 남의 황새치를 도륙 낼 만큼 숙련된 황새치 해체 전문가였다. 그가 칼을 휘두르면 어느새 먹기 좋은 부위별로 황새치가 나뉘어지곤 했다.

그렇더라도 이탈리아의 어떤 황새치 해체꾼이라고 해도 한국이나 일본의 참치잡이 전문 요리사를 따라가진 못한다. 식용하는 어류를 넘어, 열광의 숭배 대상으로 보는 것이 아닌가 의심스러울 지경인 일본인의 솜씨는 그중 으뜸이 아닐 수 없다. 도쿄의 어느 식당에서 본 참치 해체는 일종의 쇼였지만, 진지한 요리사들의 눈빛과 구경꾼들의 열기는 마치 어렸을 적 보았던 무당의 신내림 굿이나 축귀逐鬼 굿에 버금가는 무대를 연출해냈다. 요리사가 입는 유카타를 받쳐 입은 두 명의 참치 해체 요리사들은 이마에 동여맨 수건이 다 젖도록 긴장했다. 누군가 북을 둥둥, 울리기 시작했고 작은 징 같은 쇠북이 징징 울었다. 그러자 마치 닌자들의 장검처럼 기다란 칼이 섬뜩, 형광등 불에 푸른 날을 비추었다. 내 옆의 친구가 "저것으로 참치의 배를 딴다"고 귀띔해주었다.

선임인 듯한, 귀밑머리가 허연 요리사가 칼을 빼어들었다. 그러자, 조수인 듯한 요리사는 하얀 면 수건으로 칼날 부분을 칭칭 감아 조심스럽게 쥐었다. 그러고는 헛둘, 호흡을 맞추더니 대뜸 참치를 두 동강내기 시작했다. 으흠, 사람들은 탄식조차 아끼듯 입을 다물었고 요리사들은 끙, 하고 힘을 주어 거대한 붉은살 참치의 등을 따라 칼날을 그어갔다.

이내 참치는 두 부분으로 나누어졌다. 아하! 사람들은 감탄사를 뱉었고, 요리사들은 아직 끝이 아니라는 듯 커다란 탁자 위에 반분된 참치를 쿵 하고 내려놓았다. 그리고 일사천리로 참치를 해체해 나갔다. 반분된 참치의 가운데 선을 따라 다시 두 토막으로 나누었고 뱃살 부위인 분홍색 살을 조심스럽게 떠냈다. 2백 킬로그램쯤의 거대 참치였지만, 뱃살은 그다지 많은 양이 아니었고 사람들은 그 기름이 흐르는 분홍색의 살점 하나에 수만 원도 기꺼이 지불했다. 뱃살은 어찌나 기름이 많은지 저미는 칼이 본드처럼 달라붙어 요리사가 애를 먹을 지경이었다.

"입에 넣으면 아이스크림처럼 빠르게 녹지. 참치 뱃살에 맛 들이면 집의 대들보도 팔아먹을걸세."

친구는 웃으면서 입맛을 다셨다.

일본인만큼은 안 되어도 주세페는 제법 황새치의 배를 가를 줄 알았다. 그는 일본도를 쓸 필요는 없었다. 황새치는 일본처럼 등뼈를 따라 칼집을 넣어 반분한 후 부위별로 나누는 것이 아니라 수직으로 잘라 스테이크를 하기 때문이었다. 수직으로 자르면, 한 점의 스테이크감에 등살부터 귀한 뱃살까지 두루 붙어 있게 된다. 더러 큰 놈은 뱃살을 따로 떼어 팔지만, 작은 참치는 그대로 수직 썰기 한다. 그래서 이탈리아에서 황새치를 먹는 사람

들은 더욱 평등해진다. 일본처럼 참치가 사시미칼에 의해 계급이 나뉘는 일은 없는 셈이다.

주세페는 익숙한 솜씨로 배를 갈라 알과 내장을 꺼내고 지저분한 횡격막 따위를 손질했다. 주세페가 가장 잘하는 황새치 알 절임 요리를 하려면 우선 좋은 알이 필요했다. 그는 잘 씻은 알에 좋은 소금을 치고 말린 후 갈아서 멋진 스파게티를 만들었다. 그의 황새치 알 스파게티를 먹기 위해 멀리서까지 일부러 방문하기도 했다.

나는 한국에서 황새치 알을 구해 똑같은 소금절임을 시도했다. 그러나 소금의 질이 달라서인지, 황새치 알이 다른 것인지 비슷한 맛은 나되, 주세페의 손맛을 느끼기 어려웠다. 주세페는 나의 국제전화 질문에 곰곰 생각하더니 "햇빛이 달라서 그럴 거야" 하고 진단을 내렸다. 충분히 그럴 것이다. 주세페가 사는 곳은, 만지면 푸른 물이 들 것 같은 코발트블루 하늘과 밀도가 다른 태양을 가진 땅이니······.

주세페는 알에는 소금을 치고, 수직으로 자른 황새치의 몸통은 그릴구이를 해서 팔았다. 황새치 그릴 요리는 몸통을 적당한 크기로 자르는 일부터 시작된다. 두꺼운 부위는 좀 얇게, 꼬리 쪽으로 가늘어지는 부위는 좀 두껍게 썰어야 한다. 그래야 무게가 비슷해진다. 무시무시한 막칼로 몸통을 자르면, 올리브오일과 허브로 양념을 먹인다. 마늘을 잘라 문지르는 경우도 있다.

마늘을 자르면 표면에 즙이 맺히는데, 이걸 황새치살에 문지른다. 구워서 입에 넣으면 마늘 향이 은은해서 아주 맛깔스러운 황새치구이의 비법으로 통했다.

그릴 밑에는 숯불이 지글지글 타고 있다. 그릴은 붉게 변한 숯불의 열기를 받아 소라도 통째 익힐 기세로 벌겋게 달아오른다. 오일을 바른 참치를 턱, 그릴에 얹는다. 연기가 나고 그릴 자국을 온몸에 아로새기며 황새치 몸통 스테이크가 맛있게 익는다. 이 스테이크는 매우 조심스러워서 주세페는 나 같은 동양인 견습생에게 집게를 내어주지 않았다. 그는 집게를 요령 있게 놀려 스테이크를 획 뒤집었다. 그러고는 속이 촉촉해질 정도로만 익혀서 테이블에 냈다. 이탈리아에서는 생선 요리도 구울 때는 슬쩍 덜 익혀서 먹는지라 지나치게 구우면 낭패였다. 스테이크 표면은 잘 익어서 흰색으로 변하지만, 속살은 원래의 색인 분홍빛과 익어서 나는 흰색의 중간 색을 띠어야 했다. 주세페는 따로 시계를 쓰지 않고서도 그 타이밍을 기막히게 잡아냈다. 고소하고 씹을수록 진한 육즙이 나오게 구웠다. 주세페의 황새치 스테이크 기준은 이랬다.

"겉은 바게트처럼, 속은 달걀 반숙처럼 굽게나."

올여름은 어디서 기름을 발라 붉은 참치라도 구워볼까나.

감사의 말
내가 먹고, 내가 되었다

 어려서부터 메밀을 좋아했다. 특히 남대문의 허름한 냉면집 부원면옥, 그 식당의 주방 창으로만 40년째 보고 있는 비닐 앞치마, 그걸 입은 어느 늙은 주방장의 노고. 왼팔이 더 두꺼워서 눈물겨운 중국 요리의 노장 검투사 이연복 형, 그가 손수 만드는 군만두, 그 만두의 즙, 다음 날 아침에도 입안에 향이 남는 2만 원짜리 옌타이 고량주, 사진 속 아버지가 드시는 노란색 딱지의 두꺼비 소주. 다 먹고 놔두면 허옇게 굳은 기름이 보이는 짜장면, 콜레스테롤 따위는 걱정하지 않았던 시절. 환기 안 되는 겨울철, 세 장에 천 원짜리 마포 껍데기를 연탄불에 굽다가 중독되어 픽픽 쓰러지던 시절.

 잇몸에 들러붙는 초여름 도다리, 관상용으로 기르고 싶은 비단멍게, 반투명한 여름 오징어의 자태, 그 팔팔한 다리가 내 목을 힘껏 졸라주었으면. 주문진항 새벽 네 시에 보았던 산다는 것의 막막함, 속초 바닷가 양미리 구잇집에서 눈을 찌르던 연기, 남대천에서 은거하는 은어 소금구이, 양양 산골의 5년 묵은 김치광, 리어카로 그

김치를 나르는 소년의 발목. 백촌 막국수의 편육, 그리고 속초 사람인 후배 오성택이 실감나게 말해주는 명태 올린 냉면 먹는 법.

묵호에 가면 꼭 들르는, 아줌마가 연속극 보며 말아내는 신공의 물횟집. 김연수의 《7번 국도》를 읽으며 먹으면 착 달라붙던 그 맛. 포항 죽도시장의 물회, 노점에서 파는 참가자미 말린 것, 그걸 파는 아낙의 주근깨와 비비크림, 이병률이 울컥한 울진의 아침 밥상 생선찌개, 신 김치 넣고 끓인 삼척의 물메기탕, 강원도의 경월소주. 부산 가기 전에 기장에서 비닐 천막 구석에 앉아 붕장어 굽던 시간, 탄 냄새에 반쯤 취해서 붕장어 뒤집어 익히기. 아지매! 크게 불러보기 (서울 놈인지 다 안다).

부산 자갈치 아지매의 예술적인 호객 행위, 엉덩이 빼고 상체의 각은 15도, 오이소! 절박한 인토네이션, 손님이 온다. 그걸 배우면 굶지는 않을 거다. 그 옛날, 부산 사람들의 잠을 깨우던 새벽녘 "재칫국 사이소" 소리. 팍팍한 그날치 삶을 열어주던 소리. 그리고 돼지국밥집 아지매들의 절묘한 토렴의 기술, 마음을 덥히는 기술.

여수 교동시장 옆 연등천, 한창훈이 앉았던 37번 집 포장마차 아줌마의 주방장 맘대로 메뉴. 병어를 무식하게 썰고, 장어를 굽는다. 삼치회 양념장에는 간장이 들어가야 제맛. 광주 무등산에서 박원식 형 결혼식 하는데, 거지 같은 후배들이 떼로 몰려가서 40병들이 보해소주 네 박스를 먹어버린 기억. 백술이 형이 그랬다.

"홍어 말고는 없는 거유?"

홍어가 지천이었다. 닭 백 마리를 먹어서 무등산에 닭이 떨어졌다. 가슴살과 똥집은 회로 묵고, 살은 백숙으로 뜯고, 쌀 넣은 죽 쒀서 개줬다. 그때 호남선은 용산역까지 한 열 시간 걸렸다. 언젠가 홍어가 씨가 말라서, 〈마지막 홍어잡이 배〉라는 다큐멘터리를 보았다. 그래도 동교동에 올라갈 홍어는 잡아야 하지 않겠느냐, 그게 사람들의 정서였다. 디제이가 당선되던 날, 당시 기자로 일하던 난 일산의 당신 집에 있었다. 문자 그대로 당선 후 최초 인터뷰를 할 절호의 기회였는데, 차마 입이 안 떨어졌다. 일흔 넘은 노인네가 광화문 연설을 마치고, 온몸의 진을 다 빼고 왔던 것이다. 나는 겨우 이렇게 말했다. "수고하셨습니다." 아직도 그때의 편집국장은 이 사실을 모른다. 그 집에서 얻어먹은 게 시래기국인가 그랬는데, 맛있었는지는 기억이 안 난다. 다들, 최초의 정권 교체가 이루어지는가 흥분해 있었던 까닭이었다.

홍어는 다행히도 요샌 좀 잡힌다. 흑산도 다녀온 후배가 말한다. 홍어란 게 참 기막혀요, 낚시로 잡기는 잡는데, 미끼가 아니고 그냥 물속에 떠 있는 낚싯바늘에 지느러미든 몸뚱이든 꿰면 잡히는 겁니다. 물이 흐려서 한 치 앞이 안 보이는. 한 치 앞이 안 보이던 게 흑산 앞바다뿐이었겠는가.

경상도 영주에는 '묵호 문어'라는 간판이 있다. 그야말로 도시의 간판이다. 영주 사는 우리 이모는 아들 결혼잔치 계획에 딱 한 가지만 강조했다.

"문어만 내면 되지러."

영주 문어는 정작 산지인 동해의 문어보다 맛있다. 그 이유는 나도 모른다. 삶는 기술이 최고라고들 한다. 영주에서 다양한 문어 요리법을 물어보면 다들 뚱하게 쳐다본다. 그냥 삶으면 제일 맛있는 걸 왜 요리를 한다고 나대나? 그런 표정이다.

충청도 해안에서는 시장에서 살아 있는 생선을 판다. 봄 간재미를 사려는데, 아낙들이 옛날 동사무소 직원 같다. 살 테면 사고 말래면 말어, 이눔아. 어차피 살 거면서. 생선이 힘이 없고, 곧 죽을 것 같더라도 깎으려 들지 마라. "안 사도 되유. 이거 판다고 뭐 서산 땅이 다 내 땅 되겄슈?" 시간이 흐르고, 생선이 완전히 죽었다. 그래도 어림없으리니. 최양락이 흉내 내던 그 말이 나오고 만다. "못 팔믄 애들이나 믹이쥬 머." 그냥 사는 게 상책이고, 게국지나 한 그릇 먹고, 천천히 올라왔다. 서산의 낙지는 힘이 세다.

그때 아산만에서는 피조개를 함지에 넣고 팔았는데, 달았다. 노점에서 주먹만 한 걸 스무 개에 5천 원에 사서 다 까먹고 나니, 피바다였다. 과음으로 다 토했다. 피를 토하는 심정이었다. 그런 심정으로 쓴 글도 몇 있습니다그려.

닭모가지와 생선대가리만 드셨던 당신의 마음을 이해할 만하니

안 계시군요, 아버지. 당신의 닭백숙은 정말 최고였습니다. 그런데 당신으로부터 '사랑한다'는 말은 한마디도 못 들어봤군요.

글 써서 먹고 살 수 있게 가르쳐주신 최옥선 국장(이걸 원고라고 썼니?), 진짜 요리를 만드는 법을 알려주신 철학하는 셰프 피에트로 발디와 주세페 바로네(가족을 위한다면 당장 요리를 때려치우게), 어려운 시절 강력한 원조를 보태주신 최옥환 형, 황해도 음식의 선명한 내림으로 나의 음식 소견을 넓혀주신 고 김순덕 여사(당신이 아니었으면 김치밥이 황해도 고유 음식인 줄 어찌 알았겠습니까), 밥하고 글 쓰느라 마감 못 지키는 저자를 독촉하느라 진이 다 빠진 김미정 에디터에게 특별한 감사를 드립니다.

추억의 절반은 맛이다

첫판 1쇄 펴낸날 2012년 7월 24일
　　9쇄 펴낸날 2021년 9월 15일

지은이 박찬일
발행인 김혜경
편집인 김수진
편집기획 김교석 조한나 이지은 유승연 임지원 곽세라
디자인 한승연 성윤정
경영지원국 안정숙
마케팅 문창운
회계 임옥희 양여진 김주연

펴낸곳 (주)도서출판 푸른숲
출판등록 2003년 12월 17일 제2003-000032호
주소 경기도 파주시 심학산로 10 3층, 우편번호 10881
전화 031)955-9005(마케팅부), 031)955-9010(편집부)
팩스 031)955-9015(마케팅부), 031)955-9017(편집부)
홈페이지 www.prunsoop.co.kr
페이스북 www.facebook.com/prunsoop　　**인스타그램** @prunsoop

ⓒ박찬일, 2012
ISBN 978-89-7184-883-8(03810)

* 이 책은 저작권법에 의해 한국 내에서 보호를 받는 저작물이므로
　무단 전재와 복제를 금합니다. 이 책 내용의 전부 또는 일부를 사용하려면
　반드시 저작권자와 (주)도서출판 푸른숲의 동의를 받아야 합니다.
* 잘못된 책은 구입하신 서점에서 바꾸어 드립니다.
* 본서의 반품 기한은 2026년 9월 30일까지 입니다.